걱정 없이 살 수는 없을까

명언으로 배우는 심리학 강의
걱정 없이 살 수는 없을까

2016년 4월 5일 초판 1쇄 인쇄
2016년 4월 10일 초판 1쇄 발행

엮은이 | 이지연
펴낸이 | 김태화
펴낸곳 | 파라북스
기획·편집 | 전지영
디자인 | 김영민
마케팅 | 박경만

등록번호 | 제313-2004-000003호
등록일자 | 2004년 1월 7일
전화 | 02-322-5353
팩스 | 070-4103-5353
주소 | 서울특별시 마포구 서교동 343-12

ISBN 978-89-93212-76-1 (03180)

*파라주니어는 파라북스의 어린이·청소년 전문 브랜드입니다.
*값은 표지 뒷면에 있습니다.

명언으로 배우는 심리학 강의

걱정 없이 살 수는 없을까

이지연 지음

당신은 이미 충분히 소중한 존재입니다.
당신에게 알려주십시오, 당신이라는 놀라운 존재가 있다는 사실을.
그리고 당신에게 걱정 대신 공감과 위로를 선물하십시오.

파라북스

차 례

머리말 …… 6

1장 '자기' 이야기
　　당신은 이미 충분한 존재이다 …… 8

2장 '성장과 발달' 이야기
　　날개를 펴지 않고는 날 수 없다 …… 44

3장 '관계' 이야기

인간은 쾌락이 아니라 대상을 원한다 …… 94

4장 '감정' 이야기

두 번째 화살에 맞지 마라 …… 144

5장 '상담' 이야기

그들의 침묵은 차갑지 않다 …… 172

머리말

대학에 입학했을 때, 가장 좋았던 것 중에 하나는 학교 수첩을 나눠주는 것이었다. 그 수첩에 일정이나 해야 할 일들을 적기도 했지만, 읽은 책의 제목을 빼곡히 적어넣기도 하고 여행 간 장소를 써놓기도 했다. 그게 한 학기, 일 년이 지나면 참 소중한 기록이 되어 있었다.

어느 해부턴가 그 수첩 맨 첫 장에 기억하고 싶은 책의 구절을 써놓았다. 때론 심리학도였던 내가 사랑하는 롤로 메이의 글이기도 했고, 어빙 얄롬의 글이기도 했고, 지그문트 프로이트의 글이기도 했다. 그때부터 글귀에 매혹되었다. 힘들 땐 짧은 글귀를 붙들고 한 해를 버티기도 했다.

나이가 들어서는 작고한 소설가 박완서의 〈한 말씀만 하소서〉라는 단편의 제목처럼 그 '한 말씀'에 의지하기도 하고 의지를 바로 세우기도 했다. 많은 성현이나 심리학자들의 긴 책보다도 짧고 간략한 글에 커다란 힘이 있다는 것을 느꼈다. 이제 여러 말씀이 아니라 '한 말씀'이 가지는 힘을, 가슴에 새기고 함께 나누는 데 더 큰 힘을 발휘한다는 것을 안다.

지금은 대학에서 그날 소개할 학자의 명언이나 핵심 글귀를 칠판에 백묵으로 또박또박 써 내려가면서 수업을 시작할 때가 많다. 시대에 맞게 파워포인트로 작성된 자료나 동영상을 먼저 올리는 수업도 많이 하지만, 백묵으로 글귀를 쓰는 것은 내가 선호하는 방식이다. 청록색 칠판에 하얀 글귀가 새겨질 때 그 하얀 속살처럼 선명한 울림을 가슴에 남기는 듯하다. 또 빠른 글이 아니라, 한꺼번에 주어지는 이미지가 아니라, 조금씩 적어 내려가는 시간만큼 생각할 시간도 함께 여유 있게 주어져서 좋아한다.

그런 글들을 모았다. 심리학자이고 상담자라서 나에게 의미 있고 새기고 싶은 글들이다. 그리고 거기에 학생들과 나누었던 이야기와 내 생각을 덧붙여 정리하고 몇 가지 주제로 나눠서 묶었다.

글은 호흡과 많이 닿아 있다. 우리를 숨가쁘게 하는 장문의 글과는 달리, '한 말씀' 같은 짧은 글과 넉넉한 여백은 천천히 하는 호흡 속에 머물며 생각하게 한다. 이 책이 그런 휴식의 시간이면 좋겠다.

어설픈 글을 다듬고 멋진 사진을 골라서 영감 있게 살려준 전지영 편집장님께 감사드리면서, 내가 닮고 싶은 사람, 이렇게 살고 싶어한다는 것을 깨닫게 해준 엘리자베스 퀴블러 로스의 글로 머리말을 마무리하고 싶다.

> 배움을 얻는다는 것은
> 자신의 인생을 사는 것을 의미한다.
> 갑자기 더 행복해지거나 강해지는 것이 아니라
> 세상을 더 이해하고
> 자기 자신과 더 평화로와지는 것을 의미한다.
> 당신이 배워야 할 것이 무엇인지 알려줄 수 있는 사람은 없다.
> 그것을 발견하는 것은 당신만의 여행이다.

1장

'자기' 이야기

당신은 이미
충분한 존재이다

세상의 지식을 말하긴 쉽지만, 내가 누구인지 말하는 것은 어렵다.

내 속에 내가 너무도 많아 정작 소중한 사람을 들일 수 없을 때도 있다.

내 편이 될 사람이 가장 필요한 절망적인 순간,

한순간이라도 온전히 내가 내 편이 될 수 있었던가?

이 장에서는 나, 자기에 대한 심리학자들의 이야기들을 모았다.

실제자기, 이상적 자기, 도덕적 자기 등 다양한 자기의 모습을 만나보고

스스로 묻고 반추해보면 좋겠다.

칼 구스타프 융
Carl Gustav Jung, 1875~1961
정신의학자, 분석심리학의 개척자

우리가 영웅을 숭배하는 것은 순전히 그림자 때문이다.
우리가 지닌 최고의 특질을 자기 것으로 수용하지 않고
그것을 타인에게서 보려는 것이다.

작고한 미국 가수 휘트니 휴스턴$^{Whitney\ Houston}$의 노래 중에 〈가장 위대한 사랑$^{Greatest\ love\ of\ all}$〉이라는 명곡이 있다. 가장 위대한 사랑이란 바로 자기에 대한 사랑이라는 내용인데, 노래만큼 가사도 훌륭하다. 그 가사 중 일부를 보자.

모든 사람들이 영웅의 출현을 기다리지요.
사람들은 누군가 존경할 사람이 필요해요.
난 아직까지 내 요구를 채워줄 그런 사람을 찾지 못했어요.
살아가기 외로운 세상
그래서 나는 내 자신을 믿는 법을 배우죠.

우리는 늘 우러러볼 만한 사람을 찾는다. 세상이 힘들수록 우리는 영웅을 원한다. 그 사람의 실체가 어떻든 간에 우린 우리의 불안을 잠재워줄 특성을 그에게 투사하고 그를 영웅으로 만든다. 예컨대 내 안에서 슈바이처의 숭고한 특질들을 발견하는 것보다는 멀리서 슈바이처 박사를 추앙하는 것이 훨씬 쉽기 때문이다.

융은 자신의 그림자를 타인에게 투사하면 두 가지 면에서 잘못될 수 있다고 지적한다.

첫째, 자기의 어두움을 타인에게 전가하여 다른 사람에게 해를 끼칠 수 있다. 만약 그렇지 않다면 자기 안의 밝은 면을 전가해서 자기 대신 상대방이 영웅이 되어주기를 원하게 된다.

둘째, 자기 그림자를 내던져버림으로써 스스로 황폐해진다. 이렇게 되면 우리는 성장과 변화의 기회를 잃게 된다.

　자기 안의 좋은 특질을 발견하고 키워나가는 것은 멀고 힘들어 보이지만, 바깥에서 그런 대상을 찾는 것은 쉽다. 그러나 허황된 기대와 우상화보다는, 내 안에서 계발하고 성장시킬 훌륭한 특성을 탐색하는 것이 필요하다고 융은 말하고 있다.

Everybody's searching for a hero
People need someone to look up to
I never found anyone who fulfilled my needs
A lonely place to be
And so I learned to depend on me

— Whitney Houston, 〈Greatest love of all〉

카렌 호나이
Karen Horney, 1885~1952
신프로이트학파 정신분석가

복잡한 문명사회에 살면서
대부분의 사람은 심리적 갈등에 사로잡혀 있다.
심각한 신경증적 문제는 전문가의 치료를 받아야 하지만,
우리는 자신을 이해하려는 노력을 게을리 하지 않는다면
갈등의 실마리를 스스로 풀 수 있다고 믿는다.

근래 아들러 열풍이 불지만, 내가 좋아하는 심리학자 중 한 사람은 카렌 호나이다. 그녀는 괄목할 만한 심리학의 업적으로 심리학사나 각종 심리학 서적에 당당하게 이름을 올린 여성 심리학자이다. 거의 모든 심리학 관련 서적들이 프로이트를 맨 앞에 두고 거의 모든 챕터가 남자 심리학자의 학설이라는 사실을 깨닫는 순간 묘한 불편함을 느끼게 된다. 사실 호나이가 의대에 진학한 것도 그 시기에는 매우 드문 일이었는데, 여자가 의학 공부를 하면 중요한 여성의 기능이 저하된다는 낭설이 돌기도 했다는 웃지 못할 이야기도 있다.

여하튼 호나이는 현대인들이 갈등을 가지는 것은 어찌 보면 삶을 살아가는 데 당연한 일일 수밖에 없고, 이를 해결하는 데 바로 우리 자신에 대한 이해가 중요하다는 것을 말하고 있다. "자신이 누구인지 말할 수 있는 자가 누구인가?"라는 ≪리어왕≫의 대사처럼 우리는 자기 자신에 대해 알기 어렵고 또 안다고 단언할 수 없다. 하지만 분명한 것은, 자기 자신을 알고자 하는 노력은 계속해야 한다는 것은 알고 있다는 것이다.

윌리엄 제임스
William James, 1842~1910
미국 심리학의 아버지

$$자존감 = \frac{성취}{열망}$$

자존감, 즉 자기존중감은 평소에 자신에 대해 내리는 평가이다. 자신을 존경하고 바람직하게 여기며 가치 있는 존재라고 생각하는 정도, 또한 자신을 능력 있고 의미 있으며 가치 있는 존재로 믿는 정도이다. 자존감이 높은 사람은 자신을 가치 있고 괜찮은 사람으로 평가하는 반면, 낮은 사람은 자신을 쓸모없고 가치 없다고 생각한다. 심한 경우 스스로를 자학하거나 열등감을 갖게 된다.

자존감이 높은 사람이 건강한 사람인데, 높이는 방법은 없을까? 윌리엄 제임스는 자존감의 정도를 수식화해서 열망과 성취의 밸런스를 어떻게 맞추는가가 중요한 부분임을 일깨워준다.

열망과 성취의 밸런스가 자존감에 어떤 영향을 미치는지 잘 보여주는 예가 있다. 서울대 학생과 다른 대학 학생의 자존감을 보면 결코 서울대 학생이 높지 않은 결과가 나온다. 이것은 스스로의 성취에 대해 그들이 가진 열망이 비교의 잣대로 작용하기 때문이다. 비근한 예로 은메달리스트가 동메달리스트보다 외부적 성취라는 잣대에 비춰 행복감이 높지 않다. 이것은 그들의 열망이 성취에 비해 더 높았기 때문이다.

퍼트리샤 린빌
Patricia Linville
듀크대학, 예일대 심리학과 교수
개인의 다양한 모습을 자기복합성으로 정의

당신의 달걀을

한 인지 바구니에 담지 마라.

이 말은 린빌의 박사학위 논문 부제로도 유명한데, 마치 주식투자나 재정투자에서 많이 듣는 격언과 같다. 한 바구니에 계란을 다 담지 말고 나눠 담으라는 것이다. 이것은 자기의 이미지, 자기에 대한 인지적 상과도 연관된다. 린빌은 우리가 가지고 있는 자기 이미지가 다양하다는 것을 보여주었다. 자기 표상은 성격, 역할, 자격, 신체, 행동, 취향, 목표, 인간관계 등 다양한 영역에서 각각 존재한다. 예컨대 나는 나를 그저 교수로만 생각할 수 있다. 아니면 교수요 상담자요 슈퍼바이저요 저술가요 연구자이며, 동시에 누군가의 친구이며 엄마이고 딸이고, 키가 크고 걷기를 좋아하고 강아지를 좋아하며 친한 사람들이 여럿 있는 사람이라고 생각할 수 있다.

린빌은 자기 이미지가 여럿일수록 그 사람이 어떤 일에 성공하거나 실패하더라도 그에 따라 행복이 좌우될 가능성이 적어진다는 사실을 발견했다. 그 이유는 매우 분명하다. 만약 내가 그저 한 사람의 교수이고 학문적으로 뒤처진다면, 그때 나의 전체적인 자아는 무기력하고 가치 없는 것처럼 보이게 될 것이다. 그러나 내가 다양한 자기 이미지를 갖고 있다면, 학자로서 실패한 것이 나의 정체성에 미치는 영향은 훨씬 덜 심각하다. 또 이것이 스트레스 상황에서도 부정적 감정을 완충시켜주는 역할을 한다.

평소 아내로서의 자기 상만 가진 사람과, 교사, 아내, 저술가, 동아리 회장 등 다양한 상을 가진 사람이 이혼을 하게 되었다고 하자. 그러면 아내로서의 자기 상만 가진 사람이 그러지 않은 사람에 비해 그 스트레스로 인한 자기 붕괴가 쉽게 일어난다. 따라서 한 바구니에 나를 설명하는 달걀을 다 담으면 안 된다.

카렌 호나이
Karen Horney, 1885~1952
신프로이트학파 정신분석가

건강한 사람은 자신의 능력, 잠재력, 목표, 약점 그리고 대인관계를
정확히 평가하여 현실적이고 이상화된 자기상 realistic idealized self-image 을 갖는 데 반해,
신경증적인 사람들은 지나치게 높고 달성이 불가능하며 절대적 완벽을 바라는
비현실적 자기상을 추구하게 된다. 도달할 수 없는 이상을 추구하기 위해
끊임없이 완벽한 학생, 배우자, 부모, 자녀, 혹은 친구, 직장인이 되어야만 한다고
스스로를 다그친다. 이것은 진정한 자아 true self 의 발달과
잠재력 계발에 커다란 장애가 된다.

최근 완벽주의에 대한 이야기를 많이 한다. 완벽한 신체, 완벽한 학벌, 완벽한 얼굴 등 완벽에 대한 강박적 추구는 자신에게만 그치는 것이 아니라 자녀에게도 이어진다. 이것은 부모들이 자식들의 학업, 결혼, 결혼 후 삶조차도 간섭하고 통제하는 형태로 대물림되는 경우가 많다.

완벽을 추구하는 무의식의 바닥에는 실은 불안과 공포가 도사리고 있다. 내가 초라하고 부족하고 충분히 훌륭하지 않다는 불안감, 그것을 남에게 보이면 경멸받거나 배제될지도 모른다는 공포감이 있는 것이다. 스스로를 사랑하지 않는 부모는 완벽을 추구하는 성향을 아이에게 투사함으로써 부족한 자기를 보상하려 한다. 그리고 그것이 아이에 대한 집착과 통제적 양육으로 나타난다. 있는 그대로의 자신을 보는 능력은 있는 그대로의 아이를 사랑하는 능력에 필수적이다. 있는 그대로의 자신을 보려는 노력이 그래서 일평생 중요하게 요구된다.

셀리 테일러 & 조너선 브라운
Shelly E. Talyor & Jonathan D. Brown
캘리포니아대학 교수, 서던메소디스트대학 교수

어느 정도의 편견이나 착각은

정신건강에 좋다.

'너 자신을 알라'는 소크라테스의 명언을 굳이 듣지 않더라도 수세기 동안 많은 철학자와 신학자 그리고 심리학자들이 일관되게 이야기한 것 가운데 하나는, 왜곡되지 않은 진정한 자기 인식이다.

그런데 재미있는 결과를 보여주는 실험이 있었다. 1997년 〈US 뉴스앤월드 리포트news&world report〉는 미국인들을 대상으로 "누가 천국에 갈 확률이 가장 높을 것으로 생각하는가?"라는 설문을 던졌다. 그 결과 당시 미국의 대통령이었던 빌 클린턴은 평균 52%, 다이애나 황태자비는 60%, 오프라 윈프리는 66%, 마더 테레사는 79%를 차지했다. 그런데 이 설문에서 '자기 자신'이 천국에 갈 확률은 평균 87%라는 응답이 나왔다. 이처럼 대부분의 사람들은 타인의 견해나 객관적인 환경을 통해 실제로 입증되는 것보다 더 우호적으로 자기 자신을 평가하는 성향을 보인다.

실제로 학생들에게 질문을 던지면 비슷한 결과를 보인다. "여러분 또래들을 떠올려보고, 그 가운데 스스로가 행복한 축에 들어간다고 생각하는 사람은 손을 들어보라"고 하면, 대체로 60% 정도가 손을 든다. 그런데 질문을 바꾸어 "나는 예쁘다 혹은 잘 생겼다고 생각하는 사람은 손을 들어보라"고 하면 손이 급격히 내려간다. 흥미로운 사실은 이 질문에 대한 반응에 남녀의 차가 있다는 것이다. 남자의 경우 손을 계속 들고 있는 경우가 훨씬 많다. 이러한 결과는 객관적 시각과 상당한 격차가 있는 것이다.

손을 들고 있는 학생들이 대체로 긍정적이고 밝고 건강한 편이다. 반면 있는 그대로 자신을 보기에 매진하는 상담자들은 대체로 '우울'하다. 있는 그대로의 현실을 본다는 것은 우울할 수밖에 없기 때문이다. 따라서 어느 정도는 '자기 고양적 편향self-enhancing bias'을 가지는 것이 정신건강에 좋다.

밀턴 에릭슨
Milton H. Erickson, 1901~1980
프로이트와 융을 잇는 정신의학자
최면치료법의 선구자

우리를 괴롭히는 것은 우리가 모르는 것이 아니다.
우리가 아는 것이 사실이 아닐 때야말로 골치 아픈 것이다.

우리가 알지 못하는 것은 알지 못하게 때문에 우리 관심사 밖에 있게 된다. 그렇지만 에릭슨의 말처럼 우리가 아는 것 혹은 사실이라고 믿는 것이 사실이 아니라는 것을 깨달을 때, 우리 안에서 엄청난 균열과 불일치가 발생한다. 이때 우리는 정서적 불균형과 갈등을 경험하게 되고, 나아가서는 자기 회의나 세상에 대한 회의, 의심이 생긴다.

"그 사람이 그런 사람인 줄 몰랐어요. 나랑 있을 때는 그 사람이 아닌 다른 사람이 내 앞에 있는 것 같았어요. 그런데 그 남자 앞에서는 나랑 있을 때와는 달리 천생 여자였더라고요."

애인으로부터 배신당한 사람이 상담하면서 한 말이다. 그녀의 배신도 마음 아픈 것이지만, 알고 있다고 생각했던 사람이 다른 사람 앞에서 완전히 낯선 모습을 보일 때 그 낯설음은 배신감과 관계에 대한 상실감을 배가시킨다. 정말 우리가 혼돈으로 빠지는 것은 우리가 모르는 것이 아니라 알고 있는 것이 사실이 아니라는 점을 깨달을 때이다.

에릭 홈부르거 에릭슨
Erik Homburger Erikson, 1902~1994
발달심리학자, 정신분석학자

침체stagnation는 생산성의 결핍과 권태,
그리고 빈곤한 대인관계를 포함한다.

중년기는 인생의 사계절 가운데 가을에 해당한다. 이 시기는 건설적인 직업을 얻고 다음 세대에 지식을 전수하고, 가정에서는 샌드위치와 같은 위치이며 사회에서는 허리로 사회의 발달에 기여하는 세대다. 이 시기에 직장을 잃거나 만족스러운 일을 하지 못할 때, 혹은 아이를 잃거나 생산적이고 의미 있는 일을 못 하면, 침체라는 위기를 맞는다. 이것은 일이 주는 생생한 기쁨에서 멀어지고, 권태롭고, 대인관계마저 빈곤해지게 한다.

삼포세대의 미래가 이런 침체의 한 가운데로 넘어가는 것일 수 있다. 할 일은 없고, 불러주는 곳도 없고, 만나는 사람도 끊어지면서, 삶이 무에 가깝게 권태로워지는 것이다. 이럴 때 일본처럼 중년의 고독사가 많아지게 된다.

이 시기에 중요한 것은 자녀를 돌보고 양육하고 젊은 세대를 키우는 것 못지않게, 자기 삶의 의미를 다시 세우고 친밀한 인간관계를 돈독히 하는 것이다. 권태와 빈곤한 대인관계 때문에, 우리나라 중년기 사람들에게 초등 동창 밴드 문화나 일탈의 형태가 나타나기도 한다. 내면적 공허함이 외부적 자극으로 눈을 돌리게 하는 것이다.

토리 히긴스
Tory Higgins
사회심리학자

실제 자기$_{\text{real self}}$, 도덕적 자기$_{\text{ought self}}$, 이상적 자기$_{\text{ideal self}}$는 각각 현재 자기 모습에 대한 상, 도덕적 규범적으로 주위에서 기대하는 모습, 자신이 원하는 모습을 차례로 의미한다. 이 세 가지 자기가 일치하면 완전한 인간이다. 실제 자기와 도덕적 자기의 불일치가 클수록 죄책감을, 실제 자기와 이상적 자기의 불일치가 클수록 수치심을 경험한다.

자기^{self}는 다양한 모습을 갖는다.

키가 170센티미터인 남자가 있다. 그런데 사회에서 이상적으로 생각하는 키는 180센티미터이고 그 기준을 본인이 인정한다면, 그는 수치심과 열등감을 가질 수 있다. 그리고 스스로를 못마땅하게 생각할 것이다. 실제 자기와 이상적 자기의 불일치에서 오는 수치심이다. 반면 실제 자기와 이상적 자기의 격차가 크지 않다면, 남이 어떻게 보든 자신은 괜찮은 사람이라고 여기고 심리적으로 흔들리지 않을 수 있다.

또 일하는 여성이 있다. 저녁 늦게까지 일을 할 때도 있지만 그는 자기 성장에 몰두하는 것을 즐겁게 생각한다. 하지만 사회와 가족들이 기대하는 모습은 다르다면 어떨까? 현모양처로 집에서 아이를 양육하는 엄마 역할을 기대한다면, 또 본인이 그 기대에 늘 영향을 받는다면, 그 여성은 엄청난 죄책감을 느낄 것이다. 실제 자기와 도덕적 자기의 괴리에서 오는 죄책감이다.

실제 자기, 이상적 자기, 도덕적 자기, 이 세 자기를 잘 통합하거나 밸런스를 맞추는 것이 필요하다. 스스로 외부적 기준에 너무 순응하면서 자기를 몰아세우고 있는 것은 아닌지 생각해보아야 한다.

카렌 호나이
Karen Horney, 1885~1952
신프로이트학파 정신분석가

실제자기와 이상화된 자기 사이에서
경험하는 모순은 자기 경멸과 증오로,
대인 간에는 독단적 정당성으로 드러난다.

'내가 그렇지 뭐. 내가 하는 일은 다 그래. 이렇게 끝날 줄 알았어.'

열심히 노력한 일이 기대대로 되지 않을 때 낙망하면서 내뱉는 이 같은 말이 자기를 더 힘들게 한다. 브레네 브라운$^{Brene\ Brown}$이라는 학자는 우리가 힘들 때 정작 우리는 내 편이 아니라 오히려 남의 편이 되는 것처럼 말하고, 스스로를 경멸하고 심지어 증오하기까지 한다고 말한다. 브레네 브라운은 TED$^{www.ted.com}$ 조회수가 압도적인 강의를 한 사람인데, 대표적으로 인간이 가지는 수치심^{shame}에 대해 이야기하는 ≪나는 왜 내 편이 아닌가≫라는 유명한 책을 썼다.

브라운은 나아가 다른 사람과의 관계에서 독단적이고 무조건적으로 자기 방식만을 강요하며 자기만 옳고 정당하다고 주장하는 것도, 깊은 자기 불안과 회의에서 시작된다고 지적한다.

다른 사람의 이야기를 듣는 여유를 갖지 못하고 자기 입장만 반복해서 내세우면서 흥분한다면, 우리는 의심해 보아야 한다. 불안에서 비롯된 독단적 정당성은 아닌지 의심해보고 조심해야 한다.

제니퍼 바움가르트너
Jennifer Baumgartner
미국 정신과 의사, 패션치료의 선구자
≪여자의 마음을 치유하는 옷장 심리학≫

자신에게 부족한 점을 브랜드로 메우려 하면 로고강박증의 뿌리는 더 깊어진다.
로고를 이용해 공허감을 채우려 한다면, 고가의 아이템을 싹 지워버리고
진정 당신이 누군지 재확인해보라. 외적인 요소 없이 당신 자체만의 가치를
높이는 데 초점을 맞추라. 당신은 이미 충분한 존재이다.

패션은 자기 자신을 가장 직접적으로 보여주는 수단이 되었다. 유니폼은 그 직군의 사람들을 직무 속성으로 대하게 만든다. 교복을 입은 학생들에게서는 그의 개인적 성격이나 속성보다는 학생으로서의 규율이, 군복을 입은 군인에게서는 군대가 가지는 상징적 임무를 떠올리게 한다.

또한 어떤 옷을 입느냐에 따라 우리의 몸과 심리에 변화가 생기기도 한다. 병원에서 평상복을 벗고 환자복으로 갈아입는 순간, 자기도 모르게 좀 더 몸에 민감해지고 상대적으로 의존적인 심리가 생긴다. 주변의 기대가 환자 안에 있는 의존성을 허용하기 때문이다.

제니퍼 바움가르트너는 옷장 안에 있는 옷들이 자신의 심리 상태를 대변해준다고 말한다. 자리에 맞지 않지만 자기에게 편한 옷만을 고집하는 사람은 자기중심성의 심리가 있고, 무채색의 옷만으로 가득한 옷장의 주인은 두드러지고 싶지 않고 남들의 관심에 대한 부담감이 있다.

명품 로고로 몸을 도배하는 사람은 있는 그대로의 나보다는 명품 로고를 통해 자신을 드러내고 싶어 하는 심리가 있다. 또 그와 함께 그것으로 드러내는 것 외에 자신의 내면은 보잘것없다는 취약한 자기 확신이 있다.

내 옷은 지금 나에게 어떤 모습을 보여주고 있는가?

에릭 홈부르거 에릭슨
Erik Homburger Erikson, 1902~1994
발달심리학자, 정신분석학자

자아 정체감은 '사람은 믿을 만하다'는
영아의 인식에서 발생한다.

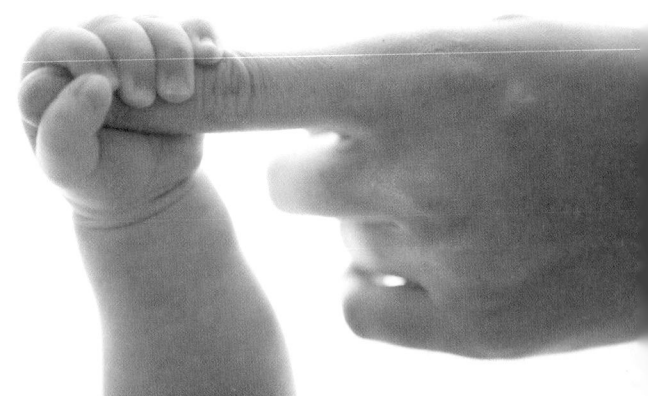

에릭슨이 말한 것처럼 영아의 첫 번째 사회적 성취는 불안해하지 않고 기꺼이 엄마(양육자)를 자신의 시야에서 벗어나도록 하는 것이다. 이는 엄마가 다시 돌아와 자신을 먹이고 보호해줄 것이라는 내적 확신을 가져야만 가능한 것이다. 또 이는 혼자만의 경험이 아니라 진정한 상호작용의 경험이다. 엄마가 애정 있고 일관된 방식으로 행동하면 영아는 기본적인 신뢰를 형성한다.

건강한 사람은 전적으로 타인을 믿기만 하지 않는다. 사람을 무조건적으로 믿는 사람은 지나치게 순진해서 남의 말을 쉽게 믿고 쉽게 상처받는다. 그러므로 어느 정도의 불신은 사실 건강한 것이라고 할 수 있다. 상호적 관점에서 상대가 믿을 만한지 아닌지를 판단하고 그에 맞게 신뢰를 형성해야 한다. 세상에는 위험한 사람도 있어서 생존보장을 위해 신중해질 필요가 있다.

신뢰의 보다 큰 표상은 종교이다. 세상에 대한 지속적 희망을 제공하고자 하는 성인의 욕구를 결연하게 표현한 것을 에릭슨은 종교적 관습으로 이해했다. 삶이 유한함을 알지만, 선함을 가지고 살아가는 것에 대한 보호기제로서 영속적인 신뢰를 주는 믿음의 양식이다.

카렌 호나이
Karen Horney, 1885~1952
신프로이트학파 정신분석가

부모가 따뜻하고 공정하고 배려하며,
지지하고 존중으로 대할 때 (아이의) 건강한 발달이 예견된다.
모든 사람이 적절한 지지를 받으면 자아실현을 향해 나갈 수 있는
잠재력 있는 실제자기$_{real\ self}$를 갖는다. 그러나 존중받지 못하고 독단적인 대우를
받으면 실제자기에서 멀어지게 된다. 비호의적인 환경은 자신이 중요하고
가치 있다는 느낌인 안정감과 정체감을 찾아 헤매다가
실제자기로부터 멀어지게 한다.

같은 부모에게서 태어난 자식도 기질에 따라 전혀 다른 성격을 나타낸다. 예컨대, 두 아이를 키우는 가정이 있다고 하자. 큰아이는 비교적 유순하게 자랐지만, 작은아이는 먹는 것도 잠자는 것도 늘 까다로워 손이 많이 갔다. 그러면 작은아이는 '누구를 닮아서 이런지 몰라'라는 이야기를 들으며 자라게 된다. 아이의 기질이나 특성에 맞춰서 존중하고 배려하기보다는 아이가 잘못된 것으로 몰고 간다. 이런 말을 듣고 자란 아이는 스스로 자신의 가치를 존중하지 못한다.

모든 꽃은 나름의 아름다움을 가지고 있다. 보는 사람의 기호에 차이가 있을 뿐, 무슨 꽃이 절대적으로 아름답거나 다른 꽃보다 더 아름답다고 할 수는 없다. 꽃들은 저마다의 개성을 존중받고 그에 따라 아름다움을 인정받는다. 사람의 경우도 마찬가지다. 그 사람이 가진 기질이나 특성을 존중받고 지지받을 때, 그가 가진 가치를 편안하게 꽃 피울 수 있는 것이다. 그것이 바로 그가 가지는 실제자기이고, 이를 꽃 피우게 하는 것이 존중하는 환경이다.

얼마 전 반향을 불러일으킨 영화 〈사도〉에서도 실제자기를 발현하도록 돕지 못한 아버지와 그로 인한 부자의 비극이 잘 드러나 있다. 여기에서 우리는 생각해보아야 한다.

"우리 아이의 실제자기는 과연 무엇일까?"

낸시 맥윌리엄스
Nancy McWilliams
유명 정신분석가
《정신분석적 심리치료》

통합은 삶의 초기에 시작된다.
그리고 우리는 그것을 결코 당연한 것으로 여길 수 없다.
비통합 현상의 예는 다음과 같은 한 환자의 경험에서 찾을 수 있다.
그는 분석가가 아무런 분석 작업을 하지 않았다고 느끼면서도, 주말에 있었던
일을 모두 자세히 말했다. 그런 다음 스스로 만족스럽게 느꼈다.
때때로 우리는 이것을 한 사람, 즉 분석가가 자신의 모든 사소한 조각들까지
알기를 바라는 환자의 욕구로 해석해야 한다. 자신의 이야기를 시시콜콜 이야기해
알린다는 것은 최소한 분석가의 인격 안에 자신이 통합된다고 느끼는 것을 말한다.
이것은 유아가 일상적인 삶에서 경험하는 것이고, 자신의 조각들을 하나로
모아주는 사람을 갖지 못한 유아는 불리한 조건에서 자기 통합을 성취하기 위한
여정을 시작할 수밖에 없다. 아마도 그는 통합을 이루는 데 성공하지 못하거나
확신을 갖고 통합을 유지하지 못할 것이다.

시시콜콜 낱낱의 이야기를 하는 사람들의 이야기는 지리멸렬하고 따분하기도 하다. 이렇게 낱낱으로 이야기하는 사람들의 마음속에는 자신의 경험이 조각난 사건으로 있을 뿐 의미로 묶여 있지 않다. 자기 생애사의 다른 경험과 적절하게 배치하거나 결합 혹은 연관시켜 이해하는 경험이 부재했던 것이다.

이런 경험이 부재한 사람들은 그저 낱낱이 다 이야기해야 상대가 이해해줄 것이라고 느낀다. 어린 새는 어미 새가 찢어준 먹이를 소화시키듯이, 아이는 엄마의 반영과 통합을 받아 이 같은 체험을 한다. 다시 말해, 엄마는 아이가 낱낱이 이야기하는 체험의 경험을 반영하고 소화시켜서 다시 되돌려준다. 예컨대, 이런 식이다. "아, ○○이 ~을 …했다는 말이구나." 이런 되새김식 경험의 반영이 아이의 정서, 인지적 통합 경험을 다져주는 것이다. 그저 건성으로 들어 넘기는 것이 아니라, 거울을 비추듯 반영하고 의미화해서 돌려주는 반응이다. 이것이 아이가 자기 경험을 통합적으로 이해하고 성찰하는 데 도움이 된다.

에릭 홈부르거 에릭슨
Erik Homburger Erikson, 1902~1994
발달심리학자, 정신분석학자

인간의 투쟁이야말로
그가 진정으로 누구인지를 보여준다.

에릭슨처럼 기구하고 드라마틱한 삶을 산 심리학자도 흔치 않을 것이다. 그는 아침 드라마에 나올 법한 출생의 비밀을 가진 정신분석학자이다. 그는 독일의 프랑크푸르트에서 덴마크인 부모에게서 태어나, 유대인 의붓아버지 아래에서 자랐다. 사원 학교에서는 노르만인이라며 괴롭힘을 당하고 문법학교에서는 유대인이라며 놀림을 받으면서, 어린 시절부터 평생에 걸쳐 정체감에 대해 고민했다.

에릭슨은 어머니의 혼전임신으로 태어났고, 성인이 된 후에 이 사실을 알게 되었다. 어머니는 에릭슨이 뱃속에 있을 때에 생부가 다른 여성과 결혼을 하자, 유대인 주식 중매인과 정식으로 결혼하였다. 하지만 2년 후 이혼하고 다시 유대인 소아과 의사와 결혼하였다. 어린 시절과 성년기 초기의 이름은 '에릭 홈부르거'였으며, 부모는 그의 출생에 관한 자세한 사항을 비밀로 하였다.

자아정체감 발달은 에릭 에릭슨의 삶과 이론에 있어 가장 중요한 문제였던 것으로 보인다. 그는 평생을 정체감^{identity} 문제로 싸웠다. 그가 이야기한 '진정한 자신'에 대한 말은, 어린 시절에 스스로 매달려 싸웠던 자신의 문제이기도 하다. 많은 경우 인문 사회계열 석사와 박사 학위논문의 주제가 그 사람의 문제와 맞닿아 있는 것은 이것과 무관하지 않을 것이다.

에릭슨은 인간의 발달단계를 크게 8단계로 나누고 성숙해가는 과정을 전

생애적 관점으로 설명한다. 즉, 전 생애를 통해 삶의 위기를 경험하고 이를 극복해가는 과정에서 인간이 성숙한다고 본 것이다.

개인은 어디에서든 앞으로 나아가고, 의식적으로 환경을 지각하며, 확장된 사회적 환경에서 타인과 상호작용하고자 하는 준비성을 가지고 있다. 각 시기별 위기를 통해 긍정적 해결을 하면 자아는 점진적으로 강해지지만, 부정적인 해결은 자아를 약하게 한다. 이 자아강도를 에릭스는 '덕목'이라는 말로 표현했는데, 각 위기를 잘 해결했을 때 나타나는 인간의 자질, 강도를 말하는 것이다.

덕목은 희망, 의지, 목적, 능력, 충실, 사랑, 배려, 지혜이다. 각 덕목을 확립했다고 해서 영원히 지속되는 것은 아니다. 발달과정 동안 개인이 새로운 갈등에 휘말리지 않게 된다는 의미도 아니다. 또한 위기해결을 전적으로 긍정적이라고 보거나 부정적이라고 볼 수도 없다. 오히려 각 갈등해결은 사건과 인간에 대한 긍정적 혹은 부정적 학습을 수반한다.

2장

'성장과 발달' 이야기

날개를 펴지 않고는 날 수 없다

보이지 않는 작은 씨앗과 생물에서 인간까지 생명을 가진 모든 유기체는

살아 숨쉬며 지금보다 더 나은 자신이 되려고 노력한다.

하지만 고통이 두려워 성장할 기회를 놓치기도 쉽다.

지금 이 순간이 힘들더라도

예측할 수 없는 변화가 가져오는 두려움 또한 크기 때문이다.

이 장은 성장과 발달에 동반할 수 있는 우리의 두려움을

담담히 버틸 수 있도록 일깨우는 내용들이다.

그리고 그 속에 양육자인 부모들의 역할과 지혜도 담겨 있다.

앨런 배스
Allan Bass
성폭력 생존자 치유전문가
《아주 특별한 용기》

살아 있는 존재는 모두 자기 자신이 되고자 한다.
올챙이는 개구리가, 애벌레는 나비가,
상처받은 인간은 완전한 인간이 되고자 한다.
이것이 바로 영성이다.

　모든 생명체는 현재보다 더 나은 무엇이 되기 위해 끊임없는 성장을 추구한다. 또 인간은 상처를 받았다 하더라도 거기에 머무르지 않고 완전한 인간이 되려는 성장을 멈추지 않는다.

　영성spirituality은 두 가지 차원에서 설명이 가능하다. 신과의 관계에서 느끼는 영성이 수직적 차원이라면, 질병, 고통 상실과 같은 삶의 위기를 어떻게 대처하고 자신의 삶을 어떤 관점으로 보는지는 수평적 차원의 영성이다.

　우리가 우리 자신이 되는 과정은 평안한 순간에 찾아오는 것이 아니다. 그보다는 오히려 삶의 고통 속에서, 삶에서 만나는 불가피한 상실 속에서, 삶의 위기 속에서, 우리는 보다 자기 자신이 되려고 노력하게 된다. 이것이 우리가 살아 있는 존재로서 완전한 인간으로 나아가려는 모습이다.

칼 로저스
Ransom Rogers, 1902~1987
심리학자, 내담자 중심 치료법의 창시자

신기한 역설은, 있는 그대로의 나를 수용할 때

내가 변화하기 시작한다는 것이다.

세상을 살아가면서 가장 힘든 일은 사람과의 관계이다. 그 가운데 함께 지내기 가장 힘든 사람은 누구일까? 상사? 시부모? 배우자? 사실 가장 힘든 사람은 바로 자기 자신이다.

함께 지내기 가장 힘든 사람이 자신이라는 것은 무엇을 의미할까? 무수히 많은 시간 우리는 스스로를 못마땅하게 여기고 변화시키고 싶어한다는 것이다. 그러나 지적이나 비판, 평가는 우리를 변화시키지 못한다. 놀랍게도 변화는 우리가 스스로를 온전히 수용하고 이해할 때 비로소 시작된다.

아이를 양육하거나 가르칠 때도 마찬가지다. 다그치고 평가하고 몰아세우는 것은 아이를 변화시킬 수 없다. 많은 부모들이 범하는 실수이기도 하다. 아이를 변화시키고 싶다면 먼저 아이를 있는 그대로 받아들이고 이해해야 한다. 이야기를 들어주고 수용되는 느낌이 아이에게 전달되면, 아이는 안전감을 느끼고 변화하기 시작한다.

칼 구스타프 융
Carl Gustav Jung, 1875~1961
정신의학자, 분석심리학의 개척자

진실은 항상 두 대극의 쌍으로 이루어져 있고,
누구든 실체와 조화를 이루려면 이 대극을 견뎌내야 한다.

융은 동양의 철학과 사상에도 관심을 보였다. 태극을 나타내는 음과 양이 상징하는 것처럼, 융은 우리 마음의 진실은 두 대극으로 이루어져 있다고 말한다. 우리가 경험하는 모든 일들은 두 대극이 함께 있는 역설로 표현할 수 있다. 전기코드는 각각 양전하와 음전하에 연결되도록 두 가닥으로 나뉘어 있고, 그 사이로 유용한 전류가 흐른다. 해는 동에서 떠서 서로 저문다. 낮은 밤과의 대조를 통해서만 이해할 수 있다. 활동은 휴식이 존재할 때 의미를 지닌다. 위는 아래가 있기에 존재한다. 남성과 여성, 생과 사 역시 마찬가지다. 또 침묵이 없다면 집중해서 듣는 소리가 어떻게 존재하겠는가?

그렇지만 우리는 번번이 실체의 역설적인 특질을 받아들이지 않는다. 그로 인해 의식하지 못하는 순간마다 마치 우리가 역설을 벗어나 살 수 있을 것처럼 생각하고, 역설을 혼동한다. 일과 휴식은 그 경계가 느슨해지면 둘 다 망치게 된다. 하나를 수용하면서 다른 것에 대가를 지불하지 않는다면 역설은 모순으로 전락한다. 그 때문에 서로 다른 두 대극을 동등하게 존중해야 한다. 혼돈에 빠져 고통을 받는 것은 치유를 위한 첫발을 내딛는 것이다.

안셀름 그륀
Anselm Grun, 1945~
베네딕도회 신부, 세계적 영성가

자신의 실수와 약점 그리고 욕정과 화해하고, 친절하게 대하고,

호통을 치고 억압하는 대신 그 모든 것이 있어도 된다고 허용하는 것은,

아마 죽을 때까지 배우는 과정일 것이다.

우리는 모두 부족한 부분, 약점, 취약한 부분, 욕망, 어리석음 등을 가지고 실수를 하며 살아간다. 그러나 대부분 이 사실을 부정하거나 외면하려 한다. 이 모든 것들이 '내게 있어도 된다'고 허용할 때 우리는 훨씬 평화로운 내면을 만나게 되지만, 실상은 그러지 못하고 괴로워하기 일쑤다.

성장하면서 타인으로부터 인정받는 부분은 스스로도 괜찮은 것으로, 또 부정적 평가를 받는 부분은 좋지 않은 것으로 생각하고 없애려고 노력한다. 즉, 자신을 있는 그대로 허용하기보다는 타인의 평가에 민감하게 반응하면서 억압하고 질타하는 부분이 생기는 것이다. 자기를 바라보는 눈을 외부에서 확인하려 하기에 있는 그대로의 자신을 수용하기 어렵고, 그럴수록 점점 더 나는 못마땅해지고 상대방은 가혹한 심판자처럼 여겨진다.

나를 허용하고 있는 그대로 받아들이는 것은 쉬운 일은 아니다. 그륀이 말한 것처럼 이것은 한순간에 일어나는 것이 아니다. 평생을 통해 허용하고 친절하게 대하고 화해하는 것이 필요하다. 스스로에게 친절하지 않고 스스로를 허용하지 않으며 스스로와 먼저 화해하려고 손 내밀지 않는다면, 대체 이 세상에서 누가 나를 인정할 수 있겠는가.

칼 구스타프 융
Carl Gustav Jung, 1875~1961
정신의학자, 분석심리학의 개척자

당신이 가장 두려워하는 것을 찾아라.
진정한 성장은 그 순간부터 시작된다.

당신이 두려워하는 것은 무엇인가? 분노, 공격성, 배신, 거짓, 폭력? 이 두려운 존재를 융은 그림자^{shadow}라고 불렀다. 낮 동안은 도덕적인 인물인 지킬 박사가 저녁에는 충동적이고 공격적인 하이드가 되는 '지킬과 하이드'처럼, 우리 안에 이런 보고 싶지 않은 두려운 존재의 그림자가 항상 같이 있다고 융은 생각했다.

그림자는 우리 자신의 일부이지만 스스로 거부하거나 억압해온 내면을 말한다. 또 한 개인에서 집단이나 국가까지 확대되어 나타나기도 한다. 그림자를 인식하지 못하면 끝없이 타인이나 다른 그룹에 투사하게 된다.

뭔지 알지 못하지만 같이 있는 것이 싫고 불편한 사람들에게는 내 그림자가 있을 가능성이 높다. 예를 들면 시누이와 올케 사이 등에서 '왠지 모르게 그 사람만 보면 싫다, 거북하다, 긴장이 된다, 화가 난다'면, 여기에는 그림자의 투사가 일어나고 있는 것이다.

빛을 밝히는 것은 곧 그림자를 만드는 것이다. 지나치게 도덕성을 강조하는 시민단체 대표가 성희롱을 일삼는 것, 종교인의 성추행 사건 등은 이런 자신의 그림자를 소홀히 했기 때문에 억압된 자신의 일부가 부지불식간에 나타난 경우다. 빛과 그림자 사이에 시소의 균형을 맞춰야 한다.

<u>스키너</u>
Burrhus Frederic Skinner, 1904~1990
행동주의 심리학자

다른 동물과 마찬가지로 인간도 환경으로 형성된다.
하지만 인간에게는 새로운 환경에 적응하거나,
새로운 환경을 창조해내는 능력이 있다.

자신감이나 확고함의 상실 또는 무력감으로 고통을 겪는 사람이 있다. 그는 스스로 낙담하여 우울하기 때문에 일하러 나갈 수 없다고 말한다. 그러나 그에게 필요한 것은 일하러 가지 않는 것이 아니다. 낙담과 우울을 느끼는 이유는 직장에서든 생활의 다른 부분에서든 강화가 부족하기 때문이다.

우리는 우리가 세운 목표를 달성하기 위해 스스로를 강화하려고 노력한다. 자기 강화는 행동의 과정에서 '확고함'을 배가시키는 것이다. 스키너는 자기 강화를 통해 상황이나 자신의 행동을 통제할 수 있다고 말한다.

자기 강화는 외적 보상을 받을 만한 일들을 하고 스스로 그 행동을 보상하는 것이다. 예를 들면, 직장에서 성과를 올릴 만한 일을 했다면 재미있는 영화를 보러감으로써 스스로 보상한다. 또 무력감을 느낄 때에는 이에 몰두하지 않고, 계획한 일을 마무리하고 좋아하는 레스토랑에서 비싼 스테이크를 먹는 것으로 스스로 보상할 수 있다.

도널드 위니컷
Donald W. Winnicott, 1896~1971
소아과 의사, 정신분석학자

충분히 좋은 엄마 good enough mother 혹은 이만하면 괜찮은 엄마는, 전적으로 엄마에게 의존하는 유아를 완벽하게 만족시켜주는 절대적이고 전능한 존재로서의 엄마가 아니다. 좌절이 있지만, 필요할 때 엄마와 공생하려는 욕구를 충족시켜주고 위로를 주며 안아주는 환경을 제공하는 엄마를 뜻한다. 자신에게 적절한 시간이나 필요를 강요하는 대신 아이에게 "적합한 시간"에 아이가 원하는 것을 제공한다. 그리고 유아가 좌절, 공격성, 상실을 경험할 때, 어머니는 또한 지속적인 기본적 감정이입과 안아주기의 환경 안에서 아이에게 지지를 제공한다.

처음 엄마가 되면 대부분 엄마로서의 역할이 버거워서 허둥지둥하게 된다. 자신의 수면 패턴과 전혀 상관없이 울어대는 아이의 필요를 다 채워주는 동안, 자신은 독립적인 존재가 아니라 아이의 공생적 욕구에 반응하는 대상으로 지각되기도 한다. 그러면서도 아이의 필요에 대해 조금이라도 좌절을 주면 심한 죄책감으로 힘들어하기도 한다.

이런 면에서 위니컷은 오히려 완벽한 엄마$^{perfect\ mother}$란 없고, 아이에게 적절한 좌절이라는 경험을 제공하는 엄마가 더 좋다고 지적한다. 여기서 '적절'이라고 말은 긍정적 충족이 부정적 좌절보다 더 많아야 한다는 것을 의미한다.

위니컷의 이 말은 일면 엄마들에게 굉장히 큰 위로가 되는 말이다. 또 다른 면에서 보면, 아이에게도 필요한 조언이다. 실제로 우리의 삶은 완벽하지 않으며 좌절의 연속이다. 따라서 우리는 그 좌절을 감당하는 것을 학습해야 한다. 전지전능한 존재인 엄마가 모든 문제를 다 해결해준다면, 아이는 사회에서 적절히 적응하기 어렵다.

도널드 위니컷
Donald W. Winnicott, 1896~1971
소아과 의사, 대상관계이론가

모성의 역할은 대상을 제공하는 것과
껴안기를 통해 자아를 떠받쳐주는 것이다.

엄마는 젖가슴이나 우유병으로 갓난아이에게 첫 식사를 제공한다. 첫 식사는 갓난아이의 미숙함으로 인해 선험적인 정서적 경험의 의미를 띨 수는 없다. 그러나 시간이 지남에 따라 유아는 점점 무엇인가를 기다리게 되고, 앞에 나타난 어떤 것을 느끼며 곧이어 어렴풋이 형태를 인식하게 된다. 그러면 갓난아이는 아주 자연스럽게 손이나 입이 이 대상을 향해 나아가게 된다. 그 첫 대상은 갓난아기에게는 실로 놀라운 경험이다. 기다리는 순간에 실제로 그 대상이 존재하게 되는 것이다. 어떤 대상에 대한 기다림과 충족이라는 경험의 축적은 다른 사람과의 관계와 세상에 대해서도 똑같은 적용되어, 미래에 대한 희망을 만든다. 또한 엄마는 껴안기를 통해 갓난아이를 신체적 위험으로부터 보호하고, 외부의 현실에 대한 무지함으로 인한 정신적인 불안감도 감싸준다.

이런 역할은 심리상담에서도 그대로 적용된다. 내담자가 지금 체험하고 있거나 혹은 막연하게 느끼기는 하지만 감히 직면할 수 없는 끝없이 깊고 깊은 불안과 두려움을 분석가가 잘 알고 있다는 것을 분석 과정에서 적절한 순간에 적합한 방법으로 전해주면, 내담자는 의지할 곳이 생겨 힘을 얻고 따뜻한 배려에 큰 위안을 받는다.

낸시 맥윌리엄스
Nancy McWilliams
유명 정신분석가
≪정신분석적 심리치료≫

아기는 엄마의 얼굴을 보면서 자신의 얼굴이라고 믿는다.

엄마의 얼굴에는 아기와 연관된 느낌, 감정, 생각 등이 반영된다.

유아는 엄마의 얼굴에 나타나는 느낌, 감정을 자신의 것으로 경험한다.

예를 들어, 아기를 보면서 느끼는 기쁨이 엄마의 얼굴에 나타나면,

아기는 엄마의 얼굴을 보며 자신의 기쁨을 느끼고 경험한다.

엄마의 기쁨이 바로 아기 자신의 기쁨이 된다.

아이는 모든 경험이 낯설고 새롭다. 매일매일 어떻게 반응해야 할지 모르는 경험들이 펼쳐진다. 아기는 몇 가지 반사반응 능력을 가지고 태어나지만, 출생한 지 얼마 되지 않아 엄마가 혀를 앞으로 쑥 내밀면 그걸 똑같이 따라하는 모방 능력을 가지게 된다. 이때부터 간단한 모방을 한다.

낯선 환경이나 낯선 대상이 나타나 어떻게 반응해야 할지 모를 때, 아이들은 엄마의 얼굴을 본다. 엄마가 그것을 공포나 두려움으로 지각하면 아이도 곧장 불안으로 반응한다. 엄마가 기쁘고 웃는 표정을 보이는 대상에게 아이는 같은 느낌으로 반응한다. 엄마의 심리적 상태가 아이에게는 하나의 우주이고 세상이다.

에릭 홈부르거 에릭슨
Erik Homburger Erikson, 1902~1994
발달심리학자, 정신분석학자

영아의 첫 번째 사회적 성취는
불안해하지 않고 기꺼이 어머니를
자신의 시야에서 벗어나도록 하는 것이다.

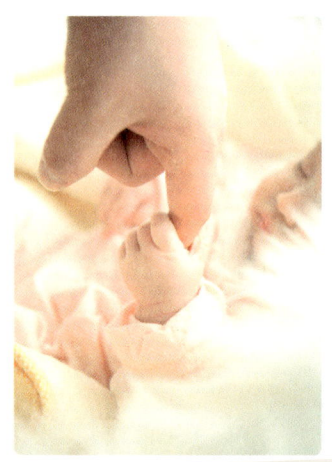

아이에게 첫 번째 사회적 대상은 엄마(양육자)이다. 엄마와의 관계에서 신뢰를 가져야만, 아이는 엄마가 사라져도 다시 돌아올 것이라는 믿음을 바탕으로 기다리고 혼자만의 시간을 감당할 수 있다. 까꿍 놀이가 재미있으려면 눈앞에서 사라진 대상이 다시 나타난다는 믿음이 굳건해야 한다. 그렇지 않다면 그것은 아이에게 놀이가 아니라 공포가 된다.

이 신뢰가 깨어질 때는 단순히 엄마와의 문제로 그치지 않고 세상과 사회에 대한 불신으로 이어진다. 즉 세상이 믿을 만하지 못하고, 내가 믿고 있는 것이 신기루일지 모른다는 불신과 불안에 휩싸이게 된다. 이것은 아이에게는 공포와 다름없다. 신기루 같은 환경 속에서는 모든 지각이 불확실하기 때문에, 더 불안하고 좌절하고 격분하게 된다. 참을성이 없어지고 박탈과 불안의 잔여물 속에서 고통스러워진다.

하지만 엄마와 아이 간에 공고한 신뢰가 만들어지면, 새로운 압력이나 갈등이 발생하더라도 희망을 유지하며, 긍정적 경험을 통해 희망을 견고하게 만들 수 있다.

낸시 맥윌리엄스
Nancy McWilliams
유명 정신분석가
≪정신분석적 심리치료≫

유아기 동안에는 유아에게 일어나는
좋은 일과 나쁜 일 모두가 유아의 능력 바깥에 있다.

이 말은 유아기뿐 아니라 아동 초기에까지 해당된다. 하지만 아이들은 이 말을 이해하지 못한다. 아이들은 가족의 불행이 자기 탓이라고 생각한다. 그것을 적절하게 설명해주지 않거나 설사 설명한다 하더라도 이를 잘 이해하지 못하는 아이는, 불행하고 힘든 일이 자신의 노력이나 능력 밖에 있다는 것을 잘 받아들이지 못한다.

자신이 좀더 착한 아이가 되면 부모가 이혼하지 않을 것이라든지, 자신이 좀더 노력한다면 부모가 떠나지 않을 것이라는 등의 생각을 막연하게 갖는다. 그래서 아이는 혼자 더 불행하고 슬픈 아픔을 지닐 수 있다.

아이들에게 가족의 불행이나 급작스러운 변화, 이사나 애완동물의 상실, 중요한 장난감이나 친구의 상실, 이별 등에 대해 잘 설명해주거나, 될 수 있으면 예측가능하게 준비시키는 것이 필요하다. 그래서 주위환경을 구조적이고 계획적이며 규칙적인 일상과 공간으로 만들면 아이의 불안을 잠재울 수 있다.

에릭 홈부르거 에릭슨
Erik Homburger Erikson, 1902~1994
발달심리학자, 정신분석학자

아동의 놀이에는 삶이 그러하듯
갈등과 목적이 포함된다.

우리는 갈등을 해결해가는 과정에서 가치를 확인하고 인생의 목적을 더 뚜렷이 하게 된다. 왜냐하면 갈등 속에서 자신이 원하는 것이 무엇인지 보다 분명히 알게 되기 때문이다.

아이들의 성장에도 이런 갈등의 역사가 놀이 속에 포함되어 있다. 놀이는 아이들의 동기와 욕망을 날것 그대로 드러내기도 하고, 사회적으로 수용 가능한 형태로 변환되는 과정이기도 하다. 혼자 하는 놀이가 아니라 친구들과 함께 하는 놀이 속에서 크고 깊은 생각이 자란다. 부모와 동일시하는 것을 포함한 삶의 주요 목적이 출현하기도 한다. 놀이에서 엄마나 아빠가 되어 보고, 의사나 교사나 소방관 등 다양한 역할을 시험해볼 수 있다.

이런 역할놀이를 통해 아이들은 사회적 관계 속에서 자신의 생각과 삶의 다양한 부분을 구조화하고 소화하며 스스로의 성격에 맞도록 재구성하게 된다. 그런 가운데 자기의 감정을 이입하거나 그 사람의 입장에 서보기도 하고, 갈등에서 자신의 입장이나 고집을 내세워 보기도 하며 중요한 가치를 지켜내기도 한다.

마음 아픈 일이지만, 최근 우리 아이들에게 이런 놀이를 통해 성장할 시간도 대상도 사라지고 있는 듯하다. 빈 틈 없는 하루 일정을 소화하기 바쁜 아이들이 늘고, 외식하는 가족들 속에서 얌전하고 조용한 아이들의 손에는 스마트 폰이 쥐어져 있다. 이런 아이들을 보면, 역할놀이를 통해 배워야 하는 것들을 놓치고 있다는 사실이 안타깝다.

에릭 홈부르거 에릭슨
Erik Homburger Erikson, 1902~1994
발달심리학자, 정신분석학자

가치 있는 교사는 아동이 신뢰할 수 있고,
그들을 격려하며, 그들이 할 수 있는 것들을
강점으로 이끌어주는 사람이다.

인간의 발달단계, 삶의 단계마다 위기가 있고, 이를 잘 극복한 사람은 그에 따르는 단단한 자아를 가지게 된다는 에릭슨의 설명은 학동기에도 여전히 관통하는 주제이다.

아동기를 거치면서 아이들은 가정에서 벗어나 학교나 야외에서 더 많은 시간을 보내게 된다. 학교에서 아이들은 생활에 필요한 여러 자질들을 학습하고, 사회에서 요구하는 기술과 지혜를 배워 미래와 직업에 대비한다. 이때 교사는 아동의 삶에 있어서 절대적으로 중요한 존재가 된다.

이 시기 아이들에게 중요한 인물은 훌륭한 스승이다. 예컨대, 헬렌 켈러 뒤에는 설리번 선생님이 있었다. 부모에게서 나아가 위대한 멘토를 만나면서 아동의 자아는 점점 확장되고 깊어진다. 이때 만나는 스승은 마음의 어버이가 되는 것이다. 이런 의미에서 이 시기 교사는 아동이 신뢰할 수 있는 좋은 어른이자, 강점을 알아보고 지지해주고 이끌어주는 사람인 것이다.

이 시기에 닮고 싶은 선생님을 만나는 것은 참으로 행운이다.

카렌 호나이
Karen Horney, 1885~1952
신프로이트학파 정신분석가

도토리 하나가 한 그루의 참나무로 성장하는 것처럼,
방해물이 제거되면 그 개인은 성숙하고 완전하게
자아실현을 하는 성인으로 성장한다.

여름날 커다란 참나무 아래 시원한 나무 그늘을 떠올리는 사람은 그 푸른 가지와 가지 사이의 바람을 기억한다. 하지만 장대하게 땅을 딛고 서 있는 우람한 나무가 실은 조그만 도토리에서 시작되었다는 생각을 할까? 물, 흙, 양분이 적절히 주어지고 성장을 가로막는 장애물이 제거된다면 도토리는 아름드리 참나무가 된다.

우리 삶에도 수많은 장애물이 존재한다. 일부는 제거되기도 하고 일부는 맞서 싸워 직접 제거하면서 우리는 성장한다. 하지만 제거되지 않는 장애물들 속에서 자란 사람들은 자신의 성장 가능성을 믿지 못한다. 자기에게 맞지 않은 옷이라 생각하고 꿈꾸기를 거부한다.

내게 왔던 한 내담자는 아주 우수한 성적으로 서울의 사립대에 입학했고, 6년 넘게 휴학과 복학을 반복하며 부모가 원하는 공무원이 되려고 노력했다. 그러면서 늘 자신은 형편없고 보잘것없는 존재이며 사랑받을 만하지 못하다고 여겨왔다. 상담자로서 내가 한 일은 그저 그가 생각하는 자기 의심을 걷어주고, 보이지 않던 의지와 열망, 삶에 대한 열정을 함께 찾아보려 노력하는 것이었다. 그가 처음 무엇을 꿈꾸었는지, 무엇에 심장이 뛰었는지, 부모가 원하는 바를 이루는 것이 왜 그토록 중요했는지 등을 함께 이해하려고 노력했다. 그는 이제 공기업의 연구원이 되었고 원하는 대학의 석사과정에 입학하였으며, 연애도 시작했다. 나는 그의 내부에서 그가 믿지 않은 도토리를 본 것이다.

에릭 홈부르거 에릭슨
Erik Homburger Erikson, 1902~1994
발달심리학자, 정신분석학자

의지란 자기통제처럼
자유로운 선택권을 행사하기 위한
흔들리지 않는 결정이다.

인생은 한평생 녹록치 않다. 성장하는 동안 매순간 일상의 위기를 맞고 문제를 극복해야 한다. 심리적으로는 어떨까? 에릭슨은 육체의 성장과정과 마찬가지로 인간의 발달에 있어서도 시기별 심리적 위기가 있다고 헤아렸다. 그는 일평생 일어나는 여러 문제들을 맞아 고군분투하여 해결하면서 성장하는 여정이 바로 삶이라고 피력했다. 그리고 그 속에서 우리는 성품의 덕목을 획득해간다는 것이다.

중년 이후에는 자신의 얼굴에 책임을 져야 한다는 말은 틀린 것이 아니다. 심리적 덕목을 갖춘 사람의 얼굴 표정에는 그의 주요 정서와 마음 상태가 반영되기 때문이다. 원망, 슬픔, 분노가 주된 정서인 사람과 낙관과 존중, 배려를 덕목으로 살아가는 사람의 얼굴 표정은 확연히 다르다.

에릭슨에 따르면, 의지[viii]는 2~3세 정도의 아동이 배변 훈련을 하면서 획득하는 덕목이라고 한다. 이 시기 아이는 부모에게 의존하는 데에서 조금씩 벗어나 스스로 자신의 독립성을 어떻게 주장할 것인지를 배운다. 또 스스로 할 수 있는 것들을 확립하기 위해 고집도 부릴 줄 알고 자신을 믿고 위험을 감수하기 시작한다.

의지를 갖지 못하면, 중요한 시기에 자신을 믿고 위험을 감수하며 앞으로 나아가지 못한다. 누군가에게 의지하는 삶에서 벗어나, 점차 불안, 공포, 두려움, 거부감 등 자신의 신체 생리적 신호에 귀를 기울이고, 자기 내면의 목소리를 신뢰하고 흔들리지 않는 믿음으로 주장하는 것이 필요하다. 의지를 갖기 위한 이런 시도가 실패로 끝나면 다른 강박적 행동, 예컨대 강박적 사고, 일중독, 자녀에 대한 과잉 통제 등으로 통제감을 되찾으려는 시도를 하기도 한다.

엘리자베스 퀴블러 로스
Elizabeth Kubler-Ross, 1926~2004
정신과 의사, 일생 동안 인간의 죽음에 대해 연구
≪상실수업≫, ≪인생수업≫

모든 경험은 당신을 치유해주고 더 나은 인간으로
이끌어줄 것이다. 삶은 당신 자신에 관한 것이다.
삶은 당신이 여러 상황들에 얼마만큼의 사랑, 자비,
유머, 인내를 실천하는가에 달려 있다.

이 명언은 내 명함에 찍혀 있는 글귀이기도 하다. 퀴블러 로스는 스위스 취리히에서 세 쌍둥이 중 첫째로 태어났다. 자신과 똑같은 모습의 다른 두 자매를 바라보며 일찍부터 자신의 정체성에 대한 고민을 시작했다. 그녀는 '진정한 나는 누구인가? 어디에서 와서 어디로 가는 존재인가?'라는 질문을 평생 놓지 않았다. 또 스위스 시골에서 자라면서 아버지의 친구가 나무에서 떨어져 죽은 것을 보며 죽음에 대해 일찍부터 생각하게 되었다.

 나의 경우 이 글처럼 다양한 경험이 나를 성숙하게 하고 더 나은 인간으로 이끌어주었다고 생각한다. 그리고 삶을 살아가는 순간순간에서도 내가 실천하고 싶었던 가치는 사랑, 자비, 그리고 인내와 유쾌한 유머였다. 유쾌한 유머는 고통스러운 현실에 대한 성숙한 방어기제이자 삶의 통찰력을 바탕으로 한 여유의 표현이기에, 현실의 어지간히 어려운 상황에서도 관조하고 웃어넘길 수 있는 힘을 준다. 일상 속에서 힘이 들 때에 나는 이 글을 읽으며 내면의 평온함을 찾으려 애쓴다.

칼 야스퍼스
Karl Jaspers, 1883~1969
철학자, 정신병리학자

한계상황이란

인간 실존에 있어서 불변의 한계를 피할 수 없는 상황,

그 중에서도 죽음과 마주하는 상황이다.

한때 우리 사회에 만연해 있던 '하면 된다'라는 이데올로기가 이제는 '금수저, 흙수저' 논란으로 변화하고 있는 것 같다. 한계를 넘어서는 자신의 힘을 믿으라는 이데올로기가 자신에게 주어진 환경을 넘어서기 힘들다는 현실 인식과 자괴감에 힘을 잃은 것이다. 생각해보면, '하면 된다'는 이데올로기는 의미 있는 삶을 경험하지 못하도록 방해하는 측면이 있다. 왜냐하면 그것은 인간의 삶이 본질적이고 필연적으로 '한계상황'에 직면할 수밖에 없다는 사실을 부정하기 때문이다.

야스퍼스는 인간 실존이란 바로 불변의 한계, 죽음과 같은 상황을 마주하고 있고, 그 한계를 피할 수 없는 존재라고 말한다. 이것을 받아들이고 수용하지 않는 사람은 이를 부정하고 오히려 초월하려는 태도를 보인다. 바로 하면 된다는 식의 노력 최고주의, 노력에 대한 과잉 가치부여로 나타나는 것이다.

이런 이데올로기는 '피로사회'라고 불리는 제한된 자원을 가진 자본주의에서 우리의 구조적 한계나 실존적 한계를 바로 보지 않고 눈 감는 심리적 방어기제인 부정denial의 한 형태라 할 수 있다.

에릭 홈부르거 에릭슨
Erik Homburger Erikson, 1902~1994
발달심리학자, 정신분석학자

지혜_{wisdom}는 죽음에 직면하는 동시에
이에 휩쓸리지 않고 삶 자체를 바라보는 것이다.

생의 마지막 노년기에 우리가 획득해야 할 덕목으로서 에릭슨은 지혜를 꼽고 있다. 미치 앨봄의 ≪모리와 함께한 화요일≫ 같은 책에서 보듯 노인에게 우리가 기대하는 것은 삶을 관통하는 지혜라고 할 수 있다. 자신의 이기심을 극복하고, 자신과 타인의 동기나 행동에 대한 깊고 의미 있는 통찰을 가지며, 타인에 대해 진심 어린 공감, 동정, 연민을 보이는 것. 그리고 현저하게 떨어지는 신체적 힘에도 불구하고 자신의 경험을 긍정적으로 통합할 수 있는 것.

100세 시대라고 하지만, 늙음은 상실을 의미한다. 병원비는 늘어나고, 함께할 친구는 점점 줄고, 듣는 것도 읽는 것도 이해하는 것도 누군가의 도움이 필요하고, 거추장스러운 시선들과 부딪치게 된다. 나이 듦을 젊음의 상실로만 바라보지 않고 자신의 경험을 통합해서 의미로 성찰하는 것은, 분명 개인에게는 성장에 대한 도전이라고 할 수 있다. 이것이 건강하게 가능하려면 자신의 성취와 실패를 모두 잘 수용할 수 있어야 한다.

실패를 수용하지 못하면 원망과 후회와 회한으로 남는다. 성취만 제한적으로 바라보는 시선에는 '내 젊었을 때는~', ' 요새 젊은 애들은~ 이런 문제가~'의 말들로 되뇌어진다. 그런 말을 하는 노인과 가깝게 지내고 싶어 하는 사람은 없다.

브레네 브라운
Brene Brown
미국 휴스턴 대학교 연구 교수
《나는 왜 내 편이 아닌가》, 《취약성의 힘》

'진짜 나'가 된다는 것은 자연스럽고 참되고
꾸미지 않고 솔직하고 개방적인 태도로 자기 자신을
타인과 공유하는 것이다.

몇 년 전 TED 강의에서 많은 청중들을 열광시켰던 브레네 브라운은, 수치심shame에 대한 연구를 꾸준히 한 사람으로서 유명하다. 수치심은 진짜 내가 드러나지 못하게 한다. 남들의 시선에 신경 쓰느라 진짜 나를 희생시킨다. 수치심은 단절을 낳는다. 단절은 분리, 벽 쌓기, 비난, 전형화 등으로 나타난다. 그리고 가장 큰 단절은 바로 자기 자신과의 단절이다. 자신과 단절되면, 진짜 나를 말할 용기도 없어지고, 진짜 나를 버리고 남들이 바라는 나로 살고, 늘 긴장하게 된다.

상담하러온 많은 사람들이 '내가 진짜 누구인지 모르겠다'고 말한다. 이런 사람들은 남들이 나를 보는 시선에만 매여 있거나, 남들이 듣고 싶어 하는 이야기만 하는 경우가 많다. 그들이 두려워하는 것은 자기 자신을 그대로 드러내었을 때 오는 비난, 분리 등과 같은 단절감이다. 그것에 대한 공포 때문에 사회적 기대에 맞추고 나를 잃어버리는 대가를 지불한다.

브레네 브라운은 진짜 나를 끌어내어 사랑하고 존중하는 법을 '수치심 회복 탄력성'이라고 말하면서, 진짜 나로 살기 위해 자기 수용, 자기 자신과의 유대감, 자기 공감을 표현하는 연습을 하라고 한다. 예를 들어, 지나치게 걱정하는 내 모습을 수치스럽게 여길 수도 있지만, 관점을 바꿔 조심성 많고 신중하고 성실하다고 해석하거나, 스스로를 끊임없이 현실을 점검하는 분별력 있는 사람으로 볼 수 있다. 내가 내 편이 되어서 말이다.

마크 네포
Maek Nepo
철학자, 시인
≪고요함이 들려주는 것들≫

어떤 새도 날개를 펴지 않고는 날 수 없다.
인간도 마음을 드러내지 않고는 사랑할 수 없다.

요즘 젊은이들은 연애한다, 사귄다는 표현 대신 '썸 탄다'고 말한다. 이성적 관심이 생기는 상대에게 적극적으로 감정을 표현하거나 연애관계를 본격적으로 시작하기 전에 감정을 즐기는 상태를 표현한 말이기도 하고, 관계가 끝나기 전에 적당한 선에서 그 감정을 즐기는 상태를 가리키기도 한다. '그린라이트'라는 말을 쓰기도 하는데, "연애하나요?"가 아니라 "그린라이트인가요?", "썸 타나요?"라고 말한다.

이전 세대에서는 보기 어려웠던 이런 젊은이들의 관계 양상은 상처받기는 두려워 하지만 여전히 친밀한 관계에 대한 욕구를 가진 사람들의 속내를 잘 보여준다. 그러나 네포의 말처럼 마음을 드러내지 않고는 사랑을 할 수 없다. 상처를 두려워 한다면 사랑을 시작조차 할 수 없다.

프로이트가 친밀한 관계에서의 사랑과 일의 중요성을 이야기한 것처럼, 사람은 자신을 공고히 만드는 일을 통해 자기를 확인하고, 관계라는 거울을 통해 자신을 더 깊이 이해할 수 있다. 상처가 두려워 사랑에 뒷걸음 치지 않고, 사랑은 상처를 허락할 수밖에 없는 경험이라는 것을 받아들이는 것이 사랑의 첫 걸음이다.

남녀 간의 사랑뿐만 아니라 사람과 사람이 가까워지고 관계가 깊어질 때 서로가 줄 수 있는 상처를 미리 생각하고 관계를 맺지 않거나 제한한다면, 그만큼 우리는 친밀감을 통해 성장하는 것을 포기하는 대가를 치르게 된다.

프리드리히 니체
Friedrich Wilhelm Nietzsche, 1844~1900
철학자

인간은 자신을 옭아맨 사슬을 스스로 끊을 수는 없어도
친구의 사슬은 끊을 수 있다.

상담전공 교수로서 상담자가 되고자 하는 많은 학생들을 만난다. 특히 면접을 볼 때 많이 듣는 이야기가 있는데, 진작부터 상담을 전공하고 싶었으나 자신의 문제가 너무 많아 망설이다 이제야 지원한다는 것이다. 상담자에 대한 이 같은 이미지는 내담자와 상담할 때에도 나타난다. 상담자를 아무 문제가 없을 뿐만 아니라 화나 부정적 감정에서 초연한 사람처럼 이상화하는 것이다.

하지만 신학자 헨리 나우웬^{Henri J. M. Nouwen, 1932~1996}의 ≪상처받은 치유자^{The Wounded healer: ministry in contemporary society}≫처럼 우리 모두에게 상처가 있다. 상처에서 자유로운 영혼은 없다. 하지만 신기하게도 상처를 받은 경험은 상처를 치유하는 힘도 남긴다. 상처를 잘 극복하고 이겨나간 경험이 있는 사람이 유사한 경험을 한 사람을 더 잘 도와주는 치유력을 가진 것 같다.

니체의 말은 '중이 제 머리 못 깎는다'는 속담을 떠오르게 한다. 우리에게는 자신의 사슬은 비록 풀지 못해도 타인의 사슬을 풀도록 도와주는 힘이 있다는 것, 그리고 우리는 서로의 사슬을 끊고 돌보며 상호 의존해 살아갈 수밖에 없는 존재임을 다시금 깨닫게 만든다.

칼 로저스
Carl Ransom Rogers, 1902~1987
심리학자, 내담자 중심 치료법의 창시자

다른 사람과 아주 상이한 사적인 부분을 가지고 있는데

그것이 수용되거나 이해되지 않는다면,

그것은 매우 힘 빠지고 외로운 경험이다.

그런 경험은 어떤 이들에게는 정신병을 일으킨다.

그것은 나를 이해해줄 누군가가 있을 것이라는 희망을

포기하도록 만든다. 그런 희망을 잃게 되면

그 개인의 내적세계는 더욱 기괴해진다.

살면서 남들과 다른 경험을 할 때가 있다. 희귀병, 만성질환, 배우자의 상실, 세월호 사건과 같이 생떼 같은 자식을 먼저 보내는 트라우마 등에서 누구도 자유로울 수 없다. 이런 상이한 사적 부분을 가질 때 이것을 수용되고 이해받는 것은 상당히 중요한 일이다.

반대로 '유별나다', '아직도 그 소리냐', '이제 그만 거기서 벗어나라' 등의 말은 몰이해를 넘어 폭력이 될 수 있다. 그것은 단절의 언어이다. 이해하고 싶지도 수용하고 싶지도 않다는 태도이기 때문이다. 여기에서 느끼는 고립은 그 트라우마나 상처, 고통만큼 힘들다.

타인에게서 받은 공감과 수용은 점차 그 상처에서 벗어나는 힘을 얻게 해준다. 반면 이해받지 못하는 경험은 다른 대상에 대한 믿음, 위로나 이해를 해줄 대상에 대한 추구, 신뢰 등에서 멀어지게 만든다. 이런 희망의 포기는 더 내적 세계로 빠져들어가게 해 정신질환이 될 수 있다는 것이 로저스의 말이다.

하인즈 코헛
Heinz Kohut, 1913~1981
정신분석가, 자기심리학의 창시자

우리는 자기 자신을 완성하려는 희망을

절대 포기하지 않는다.

엄마(양육자)와의 관계에서 아기는 자신의 욕구가 대상에 의해 해결되거나 좌절되는 과정을 경험한다. 처음에는 모든 욕구들이 해결되지만, 조금씩 커가면서 욕구의 해결이 지연되기도 하고 때론 좌절되는 것도 경험한다. 이것은 성장 발달을 위해 꼭 필요한 과정이다.

이 과정에서 적절한 지지나 좌절을 경험하며 자기와 대상 간의 욕구를 조율하는 방법을 배우지 못하면, 성인이 되어서도 유아처럼 절대적 지지를 받기만을 바라는 병리적 자기애적 특성을 가진 사람이 된다. 이 경우, 다른 사람들이 엄마처럼 지지해주지 않거나 칭찬 혹은 이상화하지 않으면 작은 일에도 강한 분노와 적개심을 표출한다. 때로는 타인의 일반적인 행동도 상처로 느끼게 된다.

건강한 자기나 공고한 자기 역시 절대적인 지지를 원하지만, 원하는 대로 이루어지지 않더라도 대상과 자기와의 관계에서 적절히 조절할 수 있다. 그렇지 못한 경우 배우자나 연인에게 엄마 같은 존재를 기대하기도 한다. 이것은 바로 유아기 때 충분히 채워지지 않은 '자기대상'과의 조율에 대한 갈망에서 비롯된다. 유기체가 산소를 필요로 하듯이 사람은 자기 경험을 반영해주고 동일시할 수 있는 사람이 있을 때만 자신을 응집력 있는 한 개체로서 경험할 수 있는데, 이를 코헛은 자기대상^{selfobject}이라고 설명했다. 마치 유아에게 엄마와 같은 존재로, 유아에게는 자신의 경험을 알아주고 이해해주고 언어로 돌려주는 존재이다.

성숙한 성인으로 발달하기 위해 나의 마음과 같다고 생각했던 그 사람도 어쩔 수 없이 독립된 한 개인이라는 점을 받아들여야 한다. 무의식적으로 내 마음과 같기를 또 내 편이기를 바라는 마음은, 내 안에 존재하는 자기대상의 무의식적 욕구가 상대에게 투사되는 것이다. 만약 그 기대가 채워지지 않을 때 깊은 배신과 환멸을 느낀다면, 내 안의 성숙한 자기대상을 갖는 것이 필요하다.

  코헛은 이런 자기대상을 가지면서 자신의 존재를 공고하게 하나의 개체로서 경험하고 성장시키고 완성하려는 끊임없는 노력의 과정이 삶이라고 설명한 것이다.

3장

'관계' 이야기

인간은 쾌락이 아니라 대상을 원한다

우리 인간이 성이나 공격적 본능을 가진 존재만이 아니라

더 크게는 자신을 비추고 함께 반응하며 연결감을 가지는 대상을

추구하는 존재임을 알려준 대상관계이론가들의 이야기들을 소개한다.

내가 타인에게 또 타인이 나에게 어떤 대상으로 있는지 생각해보자.

또 이 장의 명언들은 우리의 욕구가 대인관계에 어떻게 투영될 수 있는지,

우리 주변의 사람들이 왜 그렇게 행동하는지에 대해

머물러 생각해볼 거리를 던진다.

페어베언
William Ronald Dodds Fairbairn, 1889~1964
정신분석가, 대상관계이론가

인간은 쾌락을 추구하는 것이 아니라 대상을 추구한다.
아이들은 인간적으로 사랑받는다는 느낌을 가져야 하며,
사랑은 타인이 자신을 환영하고 가치 있게 여기는 것이다.

"사람은 사랑 없이도 살 수 있나요?"

열네 살 모모의 질문에 대한 답이 될 수도 있는 명언이다. 페어베언은 프로이트가 주장한 리비도^{libido}가 쾌락을 추구한다는 주장에 반기를 들고, 리비도는 쾌락이 아니라 대상(인간)을 추구한다고 말한다. 쾌락 추구가 아니라 대상 추구가 바로 인간의 본능이라는 것이다.

이 본능은 출생에서부터 주어진다. 아이는 대상을 추구한다. 아이들은 인간적으로 사랑받는다는 느낌을 가져야 하며, 타인이 자신을 환영하고 가치 있다고 생각하는 것을 사랑이라고 여긴다. 부모로부터 자신의 존재 자체가 환영받고 있고 부모가 자신을 가치 있다고 여긴다고 느낄 때, 아이는 스스로에 대해 믿음과 가치감을 갖는다. 이것이 평생을 살아가는 힘이 되고, 나아가 대상이 머무는 이 세상에 대한 희망과 삶에 대한 동기가 되기도 한다.

이 말은 부모로부터 학대받은 아이가 보이는 성향 가운데 선뜻 이해가 되지 않는 것을 설명하기도 한다. 뜨거운 물을 부으며 자신을 괴롭혔던 엄마와 분리된 아이가 그래도 엄마를 찾는 것이다. 이것은 아이가 추구하는 것은 바로 편안한 쾌락이 아니라 엄마라는 대상임을 보여준다. 설사 자신을 학대하는 대상이라고 하더라도, 학대받는 사이사이 따뜻한 기억의 조각이 있기 때문에 아이는 그 대상을 보존하고 붙들고 싶어 한다.

카렌 호나이
Karen Horney, 1885~1952
신프로이트학파 정신분석가

개인의 삶을 좁은 경계로 제한하는 사람들은 일반적으로
모험을 좋아하지 않는다. 비난과 조롱을 두려워하기 때문에
소망을 표현하는 것을 두려워한다. 자발성과 솔직함이 존중되고
수용받는 상황(예를 들어, 파티, 운동경기)에서조차
자신을 잘 주장하지 못한다.

새로운 상황에 놓일 때, 그것을 흥분으로 받아들이는 사람도 있지만, 반대로 긴장감을 가지고 탐색하는 사람들이 있다. 특히 자발성이 수용되는 상황에서 지나치게 다른 사람들의 반응을 살피고 편안해지지 못하는 사람들의 경우가 그렇다.

내가 아는 사람 가운데 볼링을 지독히 싫어하는 이가 있다. 그는 공을 던지고 일행이 있는 곳까지 걷는 몇 발자국의 시간이 너무 싫어서 도망가고 싶다고 한다. 던진 공이 도랑에 빠지든 스트라이크가 되든 마찬가지라고 한다. 잘 치든 못 치든 그 순간을 만끽하고 즐기는 것이 안 되고, 그 한발 한발 내딛을 때마다 다른 사람이 내 몸을 관찰하고 나에게 시선이 머무는 것이 수치스럽게 느껴진다는 것이다.

이런 경향을 보이는 사람들은 스스로를 제한된 공간에서 제한된 생활을 하게 만드는 어려움을 겪는다. 그리고 이를 통해 안전함을 느낀다.

배르벨 바르데츠키
Barbel Wardetzki, 1952~
임상심리학자, 게슈탈트 심리학자
≪너에게 닿기를 소망한다≫

나르시스적인 사람들은
자신의 생각과 감정, 필요를 상대방의 그것과
구분해서 보지 않고 서로 합체한다.

'프로이트가 살던 시대는 히스테리아가 창궐한 시기라고 한다면, 현대는 자기애가 만연하는 시기'라는 어느 학자의 말은 일리 있어 보인다. 당연히 관심을 받을 수밖에 없는 '한 자녀' 가정이 많고, 우리가 사는 현대는 보이는 것이 곧 자기인 시대이다. 주로 신체적인 증상을 의도적으로 만들어 자신에게 관심과 동정을 유도하는 정신과적 질환인 뮌하우젠 증후군이 요즘에는 디지털 뮌하우젠 증후군으로 발전하여, 보다 더 자극적인 글이나 엽기 영상을 SNS에 올려서 조회수를 갱신하는 데 목숨을 걸기도 한다.

이런 자기애적 성향을 가진 사람들에게 타인은 자신을 비추고 찬양하고 반응하는 대상으로서만 의미가 있다. 타인에 대한 관심은 전혀 없고 그들의 관심은 오로지 자신에게로 향해 있다. 여기서 개인의 자아는 타인에게 확장된다. 그리고 타인에게까지 확장된 자아는 자기 위주가 되기 위한 메커니즘의 일종이다. 이런 성향의 사람들이 부모가 되면 아이들도 자신의 일부처럼 생각해, 그들의 미래와 그들의 감정, 심지어 그들의 생명까지도 자신의 것으로 생각하기도 한다. 자녀와 동반자살을 하는 경우가 바로 이런 경우이다.

남들이 말한 것을 마치 자신의 생각인 것처럼 바꾸어 말하는 것도 바로 이런 경우에 해당한다. 다른 사람이 해놓은 일도 확장된 자아를 통해 마치 자기가 원래 의도한 결과였던 것처럼 탈바꿈시키기도 한다.

카렌 호나이
Karen Horney, 1885~1952
신프로이트학파 정신분석가

사랑과 인정을 받고자 하는 욕구에 사로잡히면,
다른 사람과 의견이 다를 경우 관계가 끊길 수 있다.
자신의 소망을 말하거나 부탁하는 것을 강하게 억제하고
다른 사람의 요구를 거절할 수 없다.

사람은 누구나 사랑과 인정을 받고자 하는 욕구를 갖는다. 서로 사랑하고 인정하는 가운데 살아가기 때문에 상호 의존적이지만, 그것이 우리 인간에게는 건강한 삶이다.

하지만 그 욕구에 사로잡히면 상황은 달라진다. 의견이 충돌되는 상황이 되면 필요 이상으로 불편함을 느낀다. 또 무언가를 말했을 때 거부당하거나 혹은 거부하는 듯한 메시지를 받으면 겉으로는 아닌 척해도 굉장히 낙담하고 신경을 쓴다. 그저 의견에 대한 거부임에도 마치 나라는 존재 자체에 대한 거부로 받아들이게 된다.

이런 경우 사람들은 자신의 의견을 피력하는 데 조심하고 눈치를 보게 된다. 그리고 남들에게 자신을 잘 드러내지 않으려 한다. 그렇다고 그것이 불편하지 않은 것은 아니다. 그 불편함이 그냥 다수의 의견을 따라가게 만든다. '아무거나'라고 말하면서 다수의 의견 뒤에 자신을 숨기게 된다.

자신의 소망보다는 타인의 소망에 맞추려는 경향 때문에, 상호 존중이 되지 않고 관계가 자연스럽지 못하다. 다른 사람에게 맞추는 데 에너지를 많이 쓰기 때문에 다른 사람과의 관계가 피곤하고 힘들다. 이런 사람들은 일을 마치고 집으로 돌아오면 특히 어깨나 목이 많이 뭉치는 경우가 있는데, 그만큼 몸이 긴장하고 있다는 것이다. 또 안과 밖에서의 모습이 현격한 차이를 보이기도 한다.

카렌 호나이
Karen Horney, 1885~1952
신프로이트학파 정신분석가

힘에 대한 욕구가 있는 사람들은
항상 자신이 옳기를 원한다. 사소한 문제에서조차
잘못이라고 지적받는 것에 대해 화가 난다.

힘이나 권력에 대한 욕구가 특히 강한 사람들은, 나는 대접을 받아 마땅한 사람이라는 특권의식에 사로잡혀 있다. 이 사람들의 특성은 어디에 가든 자신이 중심이어야 한다고 생각한다는 것이다. 예를 들어, 미장원에 가더라도 가장 먼저 "여기 파마를 젤 잘하시는 원장님이 누구예요?"라고 물으며 기선을 제압하거나, 백화점에서는 "여기 매니저가 누구예요?" 하는 사람일 가능성이 높다.

이들은 스스로 우월하다고 믿기에 관계의 방향과 결과를 통제해야 한다고 생각한다. 다른 사람의 자유에 매우 관대하고 지적인 것처럼 보이지만, 사실은 다른 사람의 삶을 매우 미묘한 방식으로 통제하기 위해 무의식적으로 노력하는 경우가 많다. 또 이들은 누구나 할 수 있는 사소한 실수를 했을 때 누군가 지적하면, 반드시 기억해두었다가 그 자리가 아니더라도 다른 상황에서 그 사람에게 면박을 주는 방법으로 되갚으려는 경우가 많다.

우리가 기억해야 하는 사실은, 이 세상에는 나를 전혀 이해하지 못하는 사람도 없고, 나를 완전히 이해하는 사람도 없다는 것이다. 왜냐하면 애초에 그 둘은 모두 불가능하기 때문이다.

빅토르 프랑클
Viktor Frankl, 1905~1997
신경학자, 정신의학자
《죽음의 수용소에서》

관용은 타인의 신념을 받아들인다는 의미가 아니라,
상대를 그대로, 신념이나 생활을 선택할 권리와
자유를 가진 인간으로 존경한다는 의미이다.

사람들은 가까워지기 시작하면 서로에게 영향을 끼치고자 한다. 그리고 가까워지면 가까워질수록 우리는 그 상대와의 관계에서는 퇴행하기 시작한다. 다른 사회적 관계에서 드러내지 않던 내적인 모습을 숨김없이 드러내고, 그럼에도 수용받기를 원한다. 또 한편으로는 그 과정에서 조금씩 상대방과의 거리를 좁히기보다는, 자기 식대로 상대방을 통제하거나 자기 마음과 같아지도록 강요하며 자기중심적인 태도를 보이기도 한다.

이러한 태도는 연인이나 부부 관계에서 더 강해지는 경향이 있는데, 상대방이 나와 다른 생각을 가지고 있다는 사실조차 용납하지 못하는 경우도 있다. 예컨대, 남자친구가 모처럼의 연휴에 다른 친구들을 만나 술을 마신다고 말했다고 하자. 이때 여자친구가 '어떻게 자기와 시간을 보낼 생각을 하지 않느냐'며 삐친다면, 그 여자친구는 자신의 신념, 즉 모든 영역에서 애인을 우선시해야 사랑하는 것이라는 신념을 강요하고, 자기 식의 생활방식을 요구하는 것이다.

이것은 생활방식이나 신념 등 상대방이 가진 권리나 자유를 인정하지 않는 태도이다. 이러한 태도로 자신의 주장과 의견을 이야기하면 서로간의 갈등은 결코 해결되지 않고, 대화는 비난으로 끝나게 된다. 가까운 사이일수록 서로를 존중하면서 감정과 기대를 이야기하는 것이 갈등을 해결하는 데 도움이 된다.

에릭 홈부르거 에릭슨
Erik Homburger Erikson, 1902~1994
발달심리학자, 정신분석학자

충성fidelity은 가치체계의 불가피한 모순에도 불구하고
약속한 바를 지켜나가는 능력이다.

청소년기는 자신이 누구인가에 대한 물음에 답을 찾아가는 과정이다. 내가 누구인가에 대한 물음은 온전히 혼자만의 질문이 아니다. 그것은 객관적으로 나를 볼 수 있는 대상이나 무리 혹은 집단 속에서 비춰지는 자신에 대한 물음이기도 하다. 그러나 청소년들 중에서 자신에 대한 존재방식을 가족과 부모의 기대에서만 찾는 경우가 더러 있다. 이 경우, 자기를 잃어버리고 혼란에 빠지기 쉽다.

fidelity는 번역하면 충성이기도 하지만, 배우자에 대한 정절이기도 하다. 국가가 불가피한 모순을 가진다 하더라도 충성이 유지되는 것처럼, 배우자(혹은 애인)에 대해서도 마찬가지다. 배우자의 좋은 측면만이 아니라 불가피한 모순이나 불일치에도 불구하고 관계 속에서 약속한 바를 지켜나가는 것, 나를 실망시키는 측면에도 불구하고 존재에 대한 좋은 기억과 헌신을 유지하는 성숙함, 이 또한 청소년기에 자신의 삶의 주요한 가치와 관계에서 얻어야 하는 덕목이기도 하다.

모호함을 견디는 인내와, 스트레스에 직면했을 때 타인의 도움에 의존하지 않으면서 자신을 믿고 노력하는 것, 그것이 건강한 정체감을 획득한 사람의 모습이다.

제니퍼 프리드 & 파멜라 비렐
Jennifer J. Freyd & Pamela J. Birrell
오리건 대학 교수, 임상심리학자
≪나는 더 이상 너의 배신에 눈감지 않기로 했다≫

배신은 관계를 맺고 신뢰하는 능력을 파괴한다.
배신의 상황을 똑바로 인식하고 그것에 적절히 반응하며
삶을 다시 건강하게 만들기란 생각처럼 쉽지 않다. 우리의 내면은
배신을 감당할 만큼 그리 강하지 못하기 때문이다.
그리고 현실적으로 지금 현재 우리가 유지하고 있는 관계는
우리의 삶에 상당한 영향력을 행사하고 있기 때문이다.

급하게 상담하고 싶다고 한 여성이 전화를 걸어왔다. 다급한 상담의 내용은 남편의 외도로 인한 이혼 위기와 아이들의 심리적인 영향을 최소화하기를 바란다는 것이었다.

남편의 외도를 알아차리고 그 과정과 내용에 대해 증거를 확보하고, 여러 방식으로 이혼에 대해 생각하며 주변 인물들에게 알리는 과정과 일련의 상황들이 폭풍처럼 그에게 휘몰아쳤다. 그 상황에서 그는 상대방에 대한 분노 때문에 자신이 당한 고통을 그대로 돌려주는 것에 온통 신경이 가 있었다. 하지만 정작 자신이 얼마나 상처받았는지는 느끼지 못했다. 상처받아 취약해질 때보다 분노할 때 우리 안의 힘을 더 강하게 느끼기 때문이다. 약해지기보다는 강하게 느끼는 것이 더 필요한 상황이었는지 모른다.

그는 집요하게 남편에게 사실관계를 물었다. 그 과정에서 확인하고 싶었던 것은 '여전히 당신을 믿어도 되는가?'에 대한 대답이었다. 진실이라고 믿었던 삶의 많은 부분이 깨어지는 것이 고통스러웠기 때문이다. 그렇게 단죄하고 싶은 남편도 사실 지금까지 유지하던 삶의 커다란 부분이었기 때문에, 거기서 아무런 영향을 받지 않고 관계를 말끔히 정리한다는 것은 불가능한 일이다.

우리가 미운 사람은 안 보면 그만이라고 생각하지만, 배신이라는 상처를 가까운 관계에서 경험할 때 그것을 감당하기엔 우리 내면은 너무나 취약하다. 그만큼 관계에서 오는 트라우마는 엄청나다. 우리의 삶은 오롯이 홀로 지탱하는 것이 아니기 때문이다.

배르벨 바르데츠키
Barbel Wardetzki, 1952~
임상심리학자, 게슈탈트 심리학자
≪너에게 닿기를 소망한다≫

상처가 권력으로 변할 때가 있다.

'내가 너 때문에 순결을 잃었어. 너 때문에 내 인생이 망쳤어. 너 때문에…… 내가 이렇게 상처받았어. 그러니 너도 나만큼 아파야 해.'

이성관계에서 상처를 받은 여성이 상대를 비난하고 상대에게 죄책감이 들도록 위협하는 드라마의 한 장면이 그려지지 않는가? 또한 상처를 빌미로 상대에게 의존하거나 보이지 않는 끈을 가지고 상대를 조종하려 하기도 한다. 이런 여성에게 남자들은 보통 마음에 없는 사과만을 반복하고, 마음은 늘 그녀에게서 떠나려고 한다.

상처받은 것을 상대에게 위탁하고, 자신이 스스로를 향해 쏘는 화살에 대해 책임을 지지 않으며, 두 사람 관계에서 상처받은 것을 통해 자신의 중요성을 부각시키는 등의 행위는 두 사람 모두를 비극으로 이끈다.

낸시 맥윌리엄스
Nancy McWilliams
미국의 유명 정신분석가
≪정신분석적 심리치료≫

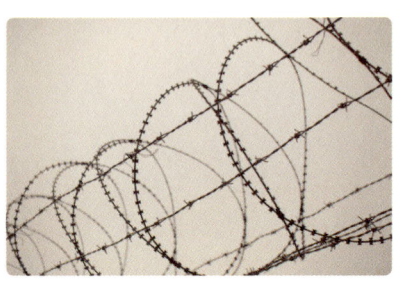

분열Splitting은 복잡한 경험들, 특히 혼란스럽고 위협적인 경험을
이해하는 강력하고도 매력적인 방법이다. 성인들의 일상생활에서도 마찬가지다.
정치학자들은 문제와 갈등이 많은 집단에게 내부의 좋은 사람들이 외부의 사악한
무리들과 싸우는 구도를 만들어 적대감을 키우는 것이 얼마나 매력적인지
증언할 수 있을 것이다. 선 대 악, 신 대 악마, 민주주의 대 공산주의, 카우보이 대
인디언, 정의로운 고발자 대 가증스러운 관료체제 등의 대비에서 보는 것과 같은
마니교적인 이분법은 우리 문화의 신화들에 널리 퍼져 있다.
어떤 사회에서도 그 사회를 지탱하는 기본적인 신념이나 민속에서
이와 비슷한 분열의 이미지를 볼 수 있다.

아침 드라마는 대부분 완벽하게 순수한 여자와 악의에 찬 여자가 싸우는 구도다. 이런 분열의 구도가 자주 등장하는 것은 혼란스러운 정보를 단순화하고 갈등을 유발하면서 긴장 속으로 몰입을 유발하기 때문이다. 일반적으로 악인의 캐릭터 안에 다양한 모습, 예컨대 선의 요소를 추론하는 것은, 복잡한 인지 추론 과정을 요구한다. 드라마를 보는 데 고단함을 느낄 수 있다는 말이다. 그보다는 최대한 단순화하는 것이 이해하기도 받아들이기도 쉽다.

맥윌리엄스의 지적처럼 이러한 분열의 구도는 광범위하게 발견된다. 우리나라와 일본이 축구 경기를 할 때, 일본의 합리적인 역사학자들과 시민들을 떠올리면서 일본에 대한 적개심이나 투쟁 의지를 중화시키지 않고, 온전히 무찔러야 할 대상으로 여기며 경기에 몰입하는 것도 한 예이다.

주디스 루이스 허먼
Judith Lewis Herman, 1942~
정신과 의사
《근친 성폭력 감춰진 진실》

가해자 편에 서는 것은 아주 유혹적이다.
가해자가 구경꾼에게 요구하는 것은 아무것도 하지 말라는 것뿐이다.
그는 악을 보지도 듣지도 말하지도 않으려는 보편적인 욕망에 호소한다.
하지만 피해자는 구경꾼들에게 고통의 짐을 나누자고 요구한다.
피해자는 행동, 참여, 기억을 요구한다.

경제 상황이 악화되거나 사회가 흉포해질수록 폭력은 우리에게 점점 더 가까이 다가온다. 권력과 나이, 성에 따르는 불평등을 부추기고 폭력까지도 용인한다. 가장 안전해야 할 가정도 예외가 아니다. 학교사회에서도 교사와 학생 사이에, 또 학생들 사이에서 폭력과 따돌림, 관계 공격성이 늘어난다. 나아가서는 SNS를 통한 사이버 폭력, 직장까지 이어지는 폭력과 따돌림, 또한 전 세계적으로 난민에게 물리적, 성적 폭력이 일어난다. 이런 사회에서 가장 취약한 피해자는 어린아이와 여자들이다.

피해자에 대한 우리의 태도는 어떤가? 세월호 사건의 발생과 사후 처리에서 드러난 사회의 다양한 반응은 여러 가지로 해석될 수 있지만, 피해자에 대한 우리의 태도에 대해 생각해보게 한다. 허먼의 이 글은 우리가 누구 편에 설 것인가 또 어떻게 설 것인가에 대한 진중한 물음을 던지게 만든다. 당시 방한한 프란치스코 교황이 세월호 희생자를 보며 한 말 역시 같은 맥락이라고 생각된다.

"마음속 깊이 간직하고 있다. 가슴이 아프다. 세월호 희생자를 기억하고 있다."

누구의 편에 어떤 마음으로 서 있을 것인가?

하인즈 코헛
Heinz Kohut, 1923~1981
심리학자, 자기심리학 개발자

잘못했을 경우,
미안하다고 '말해야' 할 뿐만 아니라
그 말을 '진심으로' 해야 한다.

최근 어느 신문에 살인자가 유가족을 찾아가 사과를 했다는 기사가 실렸다. 유가족들은 용서로 사과를 받아들였다고 한다. 한편 일본의 수상은 위안부 문제를 사과했다. 피해자들에게가 아니라 우리나라 대통령에게 전화로 했다고 한다. 위안부 피해자들은 절대 받아들일 수 없다고 말했다.

"아, 그래. 내가 잘못했다. 됐지?"

어린 시절 한번쯤은 듣거나 해본 말일 것이다. 잘못했다고 말하고 있지만, 실은 잘못했다는 말이 아니다. 이런 식의 사과에는 '나는 잘못을 인정했으니, 이제 그걸 받든 안 받든 그건 네 책임이다'는 책임전가가 담겨 있다. 만약 못 받으면 사과조차 받지 않는 속 좁은 사람이라는 비난과 조롱이 담겨 있다. 이런 사과를 누가 받고 싶겠는가.

코헛은 사과를 할 때는 말의 내용이 아니라 말하는 사람의 마음과 진정성이 중요함을 지적하고 있다. 진실한 태도와 자세, 말을 전달하는 마음이 전해져야 진정한 사과라는 것이다.

상담을 하다 보면, 어린 시절 학대한 부모나 어른에게 상처받은 내담자들이 학대한 사람들에게 사과를 받고 싶어 하는 경우가 많다. 성폭력 피해자의 경우도 마찬가지이다. 피해자의 용서와 화해를 가능하게 하는 것은 가해자의 진정한 사과뿐이다.

카렌 호나이
Karen Horney, 1885~1952
신프로이트학파 정신분석가

현대 문화는 개인 경쟁의 원칙에 기반을 두고 있으며,
개인은 동질의 집단에 있는 다른 사람들과 싸우고 그들을 능가하고
그들을 한쪽으로 밀쳐내야 한다. 하나의 장점은 흔히 다른 측면의 단점이 되고,
경쟁의 정신적 결과로 사람들 사이에 긴장이 확산된다.
이런 경쟁과 경쟁에 수반된 적개심은 모든 인간관계에 스며들어 있다.
경쟁은 요람에서 무덤까지 활발하게 작용하고
신경증 발달의 충분한 이유가 된다.

이 글이 1937년에 쓰였다는 것이 놀라울 정도로 우리의 현재 모습을 정확히 담고 있다. 우리 사회는 '피로사회'라고 거론될 만큼 우리를 피로로 내몬다. 대인 간 경쟁을 넘어서 자신과도 경쟁해야 하니 피로할 수밖에 없다.

호나이는 과도한 경쟁은 다른 사람을 조종하고 공격하고 이용하고 얕보려는 생각과 감정을 포함한다고 말한다. 이것은 다른 사람들이 자신을 존경하고 괜찮은 사람이라고 인정해주기를 바라는 소망으로 연결된다. 그리고 이것이 지나치면 자기애적 성향으로 나아가게 된다.

우리는 자기애적 시대에 살고 있다. 페이스북의 '좋아요' 수와 트위터의 '팔로우'나 '리트윗' 수에서 자신의 가치나 존재감을 확인하는 사회적 성향이 팽배한 자기애적 시대에 살고 있다. 타인의 관심과 인정, 존경을 얻기 위한 과장된 자기 중요성과 과시벽이 넘친다. 하지만 이는 내적으로 견고한 자기 인정이 아니기에 취약할 수밖에 없다. 심지어 우월감에 대한 자기 패배적 의문을 갖고 다른 사람에게 적대적이고 독단적이며 거만하고, 공격하고 조롱하기도 한다.

이런 사람들은 항상 자기 자신에 대해 관대하고 남을 배려하고 스스로 뛰어나지 않다고 겸손한 척하지만, 실제로 '마땅히 칭찬이나 칭송받아야 할' 어떤 자질이나 업적에 대해 공개적으로 언급되지 않으면 분노에 휩싸인다. 이것은 자기애적 분노의 발로라고 할 수 있다.

폴 에크만
Paul Ekman, 1935~
심리학자, 비언어적 메시지 등에 대한 다양한 연구
≪얼굴의 심리학≫

자신의 감정을 숨기기 위한 위장의 용도로 사용하는
가면 중에서 가장 많이 사용되는 것은 미소다.
미소는 두려움, 분노, 괴로움, 역겨움 등
모든 부정적인 감정들을 감출 수 있다.

무엇을 하든 어떤 일이 일어나든 늘 미소 짓는 사람은 믿을 수 없다. 그런 사람은 자기 자신을 숨기는 것이 가장 안전하다고 여기는 사람이다.

'괴로워도 슬퍼도 나는 안 울어, 참고 참고 또 참지 울긴 왜 울어. 웃으면서 달려보자~' 만화영화 〈캔디〉의 주제가이다. 이 노랫말도 사실은 따지고 보면 그렇게 건강한 노래는 아니다. 진정한 감정을 느끼지 못하고 감정을 그대로 드러내는 것이 불편한 사람들은, 미소라는 위장용 가면을 쓴다. 그리고 그 가면 속에서 진정한 자기 감정을 잃어버리게 된다. 특히 남의 감정에 신경 쓰고 자신의 불편한 감정을 드러내는 것조차 삼가게 했던 동양 문화권에서 이런 강요된 미소는 억압으로 작용하기도 한다.

안전함을 느끼지 못하는 사람들이나 늘 남에게 가면을 보여주어야 하는 사람들도, 자신 속에 자리 잡고 있는 상처받은 욕구와 소망, 자기 목소리를 알아차려야만 자기 자신을 존중할 수 있다.

낸시 맥윌리엄스
Nancy McWilliams
미국의 유명 정신분석가

경조증이 있는 사람은 매우 유쾌한 분위기를 만들어낸다.
많은 코미디언과 연예인들은 반짝이는 재치와 활력, 재미있는 말솜씨,
그리고 전염성이 있는 유쾌한 기분을 선보인다. 이것은 오랜 시간에 걸쳐
고통스러운 감정을 성공적으로 걸러내고 변형시킨 사람들의 특징이다.
하지만 가까운 친구들은 이들의 우울한 이면과,
조증의 매력으로 인해 치르는 심리적 대가를 어렵지 않게 볼 수 있다.

아주 가벼운 조증인 경조증^{hypomania}은 실제 상황과는 맞지 않게 넘치는 활기, 고양된 자기존중감, 과활동성, 새로운 자극과 경험을 추구하는 행동을 보이는 병리적 정신 상태를 말한다.

주말 오후는 경조증 특성을 보이는 사람들이 지상파 텔레비전 방송 3사의 다양한 프로그램에서 활기를 불어넣는 듯한 느낌이 든다. 〈무한도전〉, 〈1박2일〉, 〈런닝맨〉 등의 프로그램에 등장하는 다양한 캐릭터들을 보면, 그들이 24시간 그런 심리적 에너지를 가지고 생활할 수는 없을 것 같은 정도로 들뜨고 재치 있고 활력이 넘친다. 한 시간 남짓 보는 것은 괜찮지만, 하루 종일 그런 정서 상태의 사람을 본다는 것은 매우 피곤할 것이다.

유재석의 경우는 〈말하는 대로〉라는 노래의 가사처럼 힘들었던 시기의 경험, 오랜 무명 시간 동안의 고통스런 감정을 성공적으로 걸러내고 성숙하게 변형시켰기에 계속해서 오랜 동안 많은 사람들의 공감과 지지를 받는 것일 테다. 하지만 그들이 유명인으로서가 아니라 한 개인으로서 가까운 사람에게 보이는 모습은 밝지만은 않을 것이다. 우울한 이면이나 강박적 성향 (예컨대, 노홍철이 줄을 세워 냉장고 안을 정리하는 것과 같은 모습) 등 어두운 이면을 볼 수도 있다. 보이는 것이 다가 아닌 것이다.

폴 에크먼
Paul Ekman, 1935~
심리학자, 비언어적 메시지 등에 대해 연구
≪얼굴의 심리학≫

사람은 8분에 한 번,

하루에 200번의 거짓말을 한다.

거짓말을 하는 사람들은 먼저 자기 최면을 건다. 점점 더 본인에게 유리한 쪽으로 기억을 조작하고, 시간이 지나면 거짓 기억을 '진짜 일어났던 일'로 기억하게 된다. 특히 상습적 거짓말은 대체로 자존심이 강한 사람이 자기의 허영을 채우기 위한 현실도피성 욕구에서 일어나는 자기 암시나 자기 정당화이다. 이를 위해 끊임없이 이어지는 거짓말은 진실로 '기억'되게끔 각인시켜 본인조차 속여버린다. 이것이 상습적 거짓말이 가지는 힘이자 특성이다.

결국 본인조차 스스로에게 거짓말을 했다는 것을 기억하지 못하게 되고, 무의식적으로 자신을 정당화시키게 된다. 이것을 전문용어로 '자기 위주 편향self serving bias'이라고 하는데, '잘되면 내 탓이고 못되면 조상 탓'이라는 우리 속담처럼 무조건 자신에게 유리하게 생각하는 사고방식이다.

최근 정치인들을 비롯한 여러 사람들의 거짓말을 보면서, 보이는 삶을 살아가는 것이 중요한 이들의 공통된 심리를 이해하게 된다. 하지만 제발 자기 거짓말은 자기가 기억해주면 좋으련만. "기억력이 좋지 않은 사람은 거짓말을 해선 안 된다"는 미셸 드 몽테뉴Michel de Montaigne의 말은 정말 공감이 간다.

토머스 루이스
Thomas Lewis, 1881~1945
심장전문의사, 심전도에 의한 심장진단의 창시자

연애는 단지 하나의 감정을 성립시키는 데 필요한 인지를
짧은 기간 동안 요구할 뿐이고, 사랑하는 사람의 정신을
서문에서 후기까지 정독할 것을 요구하지 않는다.
그러나 사랑은 친밀함에서, 즉 낯선 영혼을 오랜 시간
자세히 살펴봄으로써 파생된다.

'그리고 그들은 행복하게 잘 살았습니다.'

어린 시절의 동화는 모두 이렇게 끝난다. 공주와 왕자가 우여곡절 끝에 사랑의 결실을 맺고 행복하게 잘 살았다고. 그래서 우리는 사랑의 신화를 가진다. 진정 사랑하면 어떤 어려움이라도 이겨내고 결국에는 행복할 것이라고. 하지만 실제 결혼생활을 하다 보면 인생이 그렇게 단순한 것이 아님을 절감하게 된다.

이혼을 앞두고 상담하러온 한 주부는 외도한 배우자가 상대방 여자에게 보낸 문자들을 보면서 '이 사람이 내가 알던 남편이 맞는지' 하는 회의와 배신감에 대해 토로했다. 자기와 있을 때와 다른 모습을 발견한 것이다. 당시 남편은 낯선 대상으로 다가왔을 것이다. 어쩌면 그녀는 남편이라는 책을 서문에서 본론의 3분의 1 정도까지만 읽었을 뿐 후기까지 다 읽지 못했을지 모른다. 아니면 그 책에서 자신이 보고 싶은 일부분만 읽었는지도 모른다.

낯선 영혼을 오랜 시간 동안 자세히 살펴보는 것은 사랑에 요구되는 노력의 측면을 강조하는 말일 것이다. 그런 마음으로 사랑을 시작해야 하지 않을까. 무턱대로 연애만 하지 말고.

에릭 홈부르거 에릭슨
Erik Homburger Erikson, 1902~1994
발달심리학자, 정신분석학자

성숙한 사랑은 자신과 상대방을 확인하는 경험을 통해 획득한 공유된 정체감 속에서 이뤄지는 파트너와의 상호성이다.

안정적인 자아 정체감을 형성한 성인은 타인과 친밀한 관계를 맺을 수 있다. 선남선녀가 만나서 짝짓는 텔레비전 프로그램을 보면, 자아 정체감이 취약한 사람은 관계에 많이 휘둘리는 것을 보게 된다. 그리고 상대와 가까워지면 묘하게 닮아가는 경우도 보게 되는데, 그것이 바로 공유된 정체감과 같은 것이다. 나에서 나아가 우리라고 하는 우리 정체감을 가지는 것이다. 그래서 좀더 익숙한 사람이 더 편하게 이런 친밀한 관계를 형성하게 된다.

자아 정체감이 확실한 사람들은 희생과 타협이 필요할 때 자신을 유연하게 변화시킬 수 있다. 반면 불안한 정체감을 가진 사람은 관계에서 자신의 존재가 사라질까 두려워 경직되거나 고집스럽게 자신을 유지하려 하면서 불안을 피하려 한다. 우리보다는 나를 더 내세우고 자아도취적이고 피상적인 관계를 맺기 쉽다.

가족과의 삶이 불행한 사람들은 무의식적으로 결혼을 통해 새로운 나를 꿈꾸거나, 불행한 자신을 구원하거나 돌봐줄 새로운 부모상을 배우자에게서 찾기도 한다. 그리고 꿈꾸는 대로 되지 않을 때 스스로에게 책임을 묻지 않고, 배우자에게 '왜 이것밖에 못해주느냐'고 책임을 묻는다. 이는 다른 의미에서 의존을 보여주는 것으로, 진정한 홀로서기나 자기 세우기가 되지 않았다는 것을 의미한다. 안타깝게도 그렇게 결혼을 시작하는 사람들이 서로에게 상처 주면서 관계를 끊게 되기도 한다.

하인즈 코헛
Heinz Kohut, 1923~1981
심리학자, 자기심리학 개발자

성숙한 성인의 사랑은 서로가 서로에게
초기 아동기의 자기대상으로 작용하게 한다.
서로는 서로를 반영하는데, 서로에게 부당한 부담을 지우지 않으면서
서로의 자기도취적 욕구를 채워준다. 마찬가지로 성숙한 인간관계도
아동기 부모와의 관계의 요소를 포함하기는 하지만,
자기중심적이고 요구적인 의존을 하는 것이 아니라 상호의존적이다.

"아이에게 공감은 있으면 좋은 것이 아니라 없으면 죽는 것이다."

얼마 전 EBS 〈공부상처〉라는 다큐멘터리의 첫머리에 나온 이 말은 바로 하인즈 코헛의 명언이다. 코헛은 인간이 다른 인간에게 보이는 심리적 공감을 강조하면서, '자기감각'과 '자기대상'으로 이에 대해 설명했다. 자기감각은 이것이 나라는 느낌을 불러일으키고 유지하고 긍정적으로 영향을 주는 것이다. 그리고 심리내적으로 자기감각을 주는 대상이 바로 자기대상selfobject이다. 우리는 어떤 사람과 함께 있을 때 더 나답다는 느낌, 온전히 내가 된다는 느낌, 나 자신이 좋다는 정서적 느낌을 가지는 경우가 있다. 그런 경험을 주는 사람이 엄마이든, 연인이든, 선생님이든 그 대상이 바로 자기대상이다.

이 자기대상 경험은 보통은 엄마와 아이의 관계에서 시작된다. 아이는 엄마의 절대적 보호와 지지 속에서 자란다. 배가 고파서 좀 칭얼대면 어느새 젖이 물리고, 소변을 봐서 축축하고 불쾌하면 어느새 깨끗하고 쾌적하게 만드는 손길이 온다. 이렇게 원하는 대로 마법처럼 해결되다가, 어느 순간이 되면 욕구의 충족이 지연되고 떡하니 해결되지 않는 일도 생긴다. 참고 기다리거나 원하는 바를 표현해야 하는 시기가 온 것이다. 또 어떤 경우 해결되지 않거나 좌절을 경험하기도 한다. 여전히 의존적이기는 하지만 자기 중심적이고 요구적인 의존에서 벗어나기 시작하는 것이다. 시간이 흘러 성인이 되면 자기대상은 엄마에게서 연인으로 대체된다.

마가렛 말러
Margaret S. Mahler, 1897~1985
정신분석학자, 아동발달학자

설령 애정대상이 더 이상 만족을 주지 못하더라도,
아동은 그 애정대상을 거부하거나 다른 것으로 교체하지 않는다.
아동은 그 대상을 계속 추구하며, 그곳에 있지 않다는 이유만으로
불만족스러운 것으로 취급하거나 거부(증오)하지 않는다.
이것이 정서적 대상항상성이다.

인간은 신체·생리적으로 탄생할 뿐 아니라 심리적으로도 탄생한다고 주장한 마가렛 말러는, 유아가 엄마와 떨어져 있는 상황에서 불안해하지 않고 엄마를 떠올릴 수 있는 상태를 '정서적 대상항상성'이라고 했다. 유아가 점차 자신을 엄마와 분리된 개체로 인식하게 되는 것도 대상항상성에서 비롯된다. 대상항상성은 엄마와의 사이에서 쌓인 신뢰를 바탕으로 확립되며, 내적인 엄마상이 점차 내재화됨으로써 유아는 불안과 두려움을 극복하고 엄마로부터 분리되어 기능할 수 있다.

대상이 엄마에서 이성 친구로 바뀌어도 마찬가지다. 이성친구가 다른 일에 집중하느라 문자에 답을 하지 않더라도, 2년 반 군대에 가거나 유학을 가더라도, 정서적 대상항상성이 자리 잡은 연인은 혼자 남겨지는 것에 대한 불안과 잊히는 것에 대한 두려움을 극복한다. 그 관계에서 분리되어 온전히 자기 생활을 기능적으로 살아낼 수 있다.

그러나 정서적 대상항상성이 확립되지 않았다면 상황은 달라진다. 예컨대, 대상항상성을 확립하지 못한 여성의 경우를 보자. "오빠, 뭐해?"로 시작한 카카오톡 대화에서 아무 답이 없다면, 30분 만에 화장실에서 나온 남성이 만나게 될 마지막 문자는 "우리 그만 헤어져!"일 가능성이 높다.

지그문트 프로이트
Sigmund Freud, 1856~1939
오스트리아의 신경과 의사, 정신분석의 창시자

인생의 난관에 처할 때마다
우리는 사랑을 통해 많은 것을 배우게 된다.
불완전한 인간이 자신의 숙명을 받아들이게 되는 것은
가장 가까이 있는 사람들의 사랑에 의해서다.

신이라는 대상을 두고 한없이 불완전한 인간임을 고백하는 종교 외에, 심리학만큼 인간이 불완전한 존재임을 실증적이면서 경험적으로 보여주는 학문은 없을 것이다. 이런 불완전한 존재에 대한 이해를 통해 우리 자신을 이해하고 받아들이게 도와주는 것이 심리학의 본질이다.

인간에 대한 비관론적이고 운명적인 시각을 가진 프로이트도 이런 불완전한 인간의 숙명을 받아들이는 과정으로 자신의 억압된 무의식과 성, 공격성의 측면을 진지하고 솔직하게 직면하려 했다. 그리고 그런 인간성을 받아들이고 수용할 수 있는 것이 바로 가까이에 있는 타인의 사랑을 통해서라고 역설하고 있다. 가까운 사람의 이해, 수용, 사랑은 곧 사랑받은 자신에 대한 이해, 수용, 사랑으로 연결된다.

윌리엄 셰익스피어
William Shakespeare, 1564~1616
극작가

진정한 사랑을 하는 과정은
전혀 순조롭지 않았다.

프로이트는 자기가 가려고 한 길에 이미 시인이 와 있었다고 이야기하면서 심리학자들의 지혜와 통찰을 앞지르는 소설가와 문인의 위대성을 언급한 적이 있다. 프로이트가 존경한 대표적인 문인이 그리스 3대 비극 시인 중에 한 명인 소포클레스이다. 프로이트의 이론에서 중요한 개념인 '오이디푸스 콤플렉스'는 소포클레스의 〈오이디푸스 왕〉이라는 아테네 비극에서 빌려온 개념이었다.

심리학자들이 사랑에 대해 연구하기 시작한 것보다 훨씬 오래 전에 셰익스피어가 말한 이 명언도, 사랑에 대한 혜안이 담겨 있다. 요즘은 3포, 5포, 7포 세대라는 말이 나올 정도로 연애를 포기하는 청년들이 많아지기도 했지만, 그만큼 늦은 나이에 연애를 해서 결혼하는 사람들도 늘었다. 그들은 공통적으로 진정한 사랑이 참 어렵다고 호소한다. 예나 지금이나 진정한 사랑은 어렵고, 이루어가는 과정에는 많은 노력이 필요하다.

연인에 대한 환상이 깨지는 것은 어린아이가 부모에게 가지는 전능한 환상에서 깨어나는 것보다 더 아프고 통렬하다. 우리의 사랑은 어린 시절의 부모로부터 시작해서 성인기의 애착대상인 연인으로 확대된다. 오이디푸스 갈등에서 부모에 대한 사랑을 접은 아이는 자라면서 성인기 사랑에서 성공하기를 원한다. 하지만 어린 시절 부모도 인간이구나 하는 깨달음에서 느끼는 아픔처럼, 성인기에 만난 연인과의 관계에서 완벽한 사랑에 대한 환상이 깨지는 아픔을 겪는다. 관계를 발전시키기 위해서는 상대방에게도 결함이 있다는 사실을 받아들여야 한다. 이것은 체념과 다르다. 모든 결함을 서로 인정하고 개선하려는 노력을 할 때 가능하다.

피터 프랭켈
Peter Fraenkel
애커먼 일-가정 연구소 소장

60초의 기쁨을 주라.

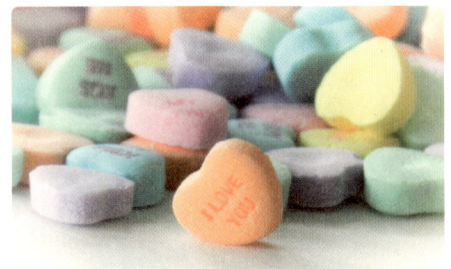

우리나라 사람들은 뭐든 빨리 빨리 하는 것을 좋아한다. 술을 마실 때도 원샷을 소리 높여 외치고, 그것도 모자라 폭탄주를 만들어 마신다. 뭐든 빨리 한꺼번에 이뤄지는 것이 좋은 것처럼. 관계에서도 마찬가지다. 멋진 이벤트 한 번으로 상대의 마음을 사로잡으려 하고, 남다른 이벤트를 궁리한다. 특별한 이벤트로 유명한 탤런트 최수종 씨가 우리나라 남편들의 부러움과 비난을 한 몸에 받는 이유이기도 하다.

하지만 특별한 이벤트나 값비싼 선물을 주는 것보다 매일 세 번의 기쁨을 주는 것이 더 효과적이라고 한다. 따뜻한 키스, 마음이 전해지는 이메일, 문득 생각나서 보내는 사랑한다는 문자 메시지가 관계를 더 깊이 유지하고 오래 가게 하는 데 도움이 된다. 이것은 실제 실험결과를 통해 나온 결과이기도 하다.

마치 은행에 돈을 예금하는 것과 같다. 60초는 짧은 시간이지만, 부부관계나 연인관계에서 이 짧은 시간에 전해지는 기쁨이 쌓이면 목돈이 만들어지는 것과 같은 효과를 볼 수 있다. 하루 60초씩 이런 노력을 저금하면 관계를 더 행복하게 만들고 힘들 때 요긴하게 쓸 수 있는 밑천이 된다.

60초. 누구에게는 그냥 흘려보낼 수 있는 시간이지만, 관계에 투자한다면 좋은 결실을 맺을 수 있는 값진 시간이다.

칼 구스타프 융
Carl Gustav Jung, 1875~1961
정신의학자, 분석심리학의 개척자

사랑에 빠진다는 말은
곧 투사를 의미한다.

융은 우리의 숭고한 사랑이 그저 투사에 불과하다고 한다. 이런 허무한 말이 있을까? 우리에게 사랑은 들뜸이고 흥분이고 기쁨이고 환희다. 그러나 그 대상이 사라진다면 그것도 사라진다. 역설적이게도 융의 말은 이러한 허무함에 대해 다시 생각해보게 만든다.

융에 의하면, 사랑에 빠진다는 것은 자기 안에 있는 가장 고상하고 무한한 가치를 지닌 존재를 다른 누군가에게 투사하는 것이다. 사랑에 빠진 사람들이 연인에 대해 묘사하는 말을 듣고 실제 당사자를 만나보면 당황스러울 때가 있다. 우리가 만나는 사람은 들은 말과 거리가 먼 사람이기 때문이다. 사랑에 빠진 사람들에게만 있는 콩깍지 덕분이다. 이것을 융의 표현으로 말하면, 사랑이란 자신이 지닌 신의 이미지를 상대방에게서 발견할 때의 체험이다. 따라서 우리가 사랑하는 상대에게서 보는 그 훌륭하고 성스러운 측면은 상대의 내면에 실제로 존재해야 하지만, 사실 그렇지 않은 것이다.

특히 사랑하는 사람에게 자신의 그림자 중 최고의 부분인 신의 이미지를, 남신이든 여신이든 상관없이 투사하기 때문에, 사랑하는 이는 모든 숭고함과 신성함의 소유자가 된다. 그런 사람과 함께한다는 생각에 행복하다고 느끼는 것이다. 하지만 그것이 그저 투사였기 때문에 다른 모습을 볼 때 환멸이나 실망을 느끼게 된다.

그렇다면 환멸과 실망 없이 사랑하는 방법은 없을까? 사실 실망과 환멸은 내가 투사한 것이 많기 때문에 느끼는 것이다. 투사를 거둬들이고, 서로 있는 그대로의 모습을 바라볼 때 비로소 더 성숙한 사랑이, 보다 인간적인 사랑이 시작된다.

4장

'감정' 이야기

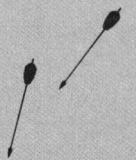

두 번째 화살에 맞지 마라

정서는 우리를 이해하는 중요한 정보원이다.

그러나 불쾌하고 힘든 경험을 그대로 드러내는 것은 사회적으로

용인되지 않기 때문에 대외적으로 또 내적으로 늘 억압당하기 마련이다.

감정을 그대로 드러내는 것은 무례하고 교양없고

배우지 못한 것으로 여겨진다.

게다가 감정을 어떻게 다뤄야하는지는 아무도 알려주지 않는다.

성숙한 정서의 표현과 나누기에 대한 다양한 명언들이

우리의 감정을 온전히 수용하면서 받아들이고,

우리 감정을 스스로 다르게 대하도록 안내한다.

라인홀트 니부어
Reinhold Niebuhr, 1892~1971
문명비평가, 신학자
≪문명은 종교를 필요로 하는가≫

제가 변화시킬 수 없는 것을 받아들이는 평온함과

변화시킬 수 있는 것을 변화시키는 용기와

변화시킬 수 없는 것과 변화시킬 수 있는 것을

구분하는 지혜를 주십시오.

우리는 살면서 어찌할 수 없는 것들을 간절히 원하기도 하고, 좌절에 분노하기도 한다. 또 그만큼 마음으로 고통을 받는다. 원하고 기대하는 바가 있으니 그만큼 좌절도 크다. 거기에 세상과 사람들과 신을 향한 분노가 더해지면서 힘들어 한다.

세상에는 부당한 일이 많이 일어나고, 우리는 그런 일에 분노한다. 악은 반드시 벌을 받아야 하고, 억울하게 당하는 사람은 없어야 하고, 내가 믿는 진실이 곧 다른 사람들에게도 진실로 인정받아야 하고……. 그러나 현실은 그렇지 않다.

하지만 우리 마음을 더 힘겹게 만드는 것은 대체로 이미 일어난 부당한 일 자체보다 그것을 대하는 우리의 마음태도나 자세이다. 우리 마음을 더 힘겹게 만들거나 가볍게 만드는 것은 바로 우리 자신이라는 말이다. 삶에서 어쩔 수 없는 불행은 있기 마련이다. 또 우리는 늘 그럴 수 있는 것은 아니라 해도, 잠시나마 그 불행을 감당할 수 있는 것으로 받아들이기도 한다. 중요한 것은 불행을 어떻게 바라보고 다루는가 하는 것이다.

카렌 호나이
Karen Horney, 1885~1952
신프로이트학파 정신분석가

부정적인 사고와 언급은 눈덩이처럼 불어나며,

멈추기가 매우 어렵다.

우리는 부정이나 악과의 싸움에서 긍정이나 선이 승리한다고 믿고 싶지만, 그것은 허구다. 부정적인 감정 역시 긍정적인 감정에 비해 힘이 세다. 실제로 사전에는 부정적 단어가 긍정적 단어보다 많고, 사람들은 일반적으로 긍정적 정서를 얻기보다 부정적 정서를 없애는 데 더 많은 힘을 쓴다.

노스캐롤라이나 대학교의 바버라 프레드릭슨Barbara Fredrikson 교수는 브라질의 사회과학자 마르시알 로사다Marcial Losada와 함께 이에 대한 실험을 진행했다. 실험 참가자들은 긍정적 감정과 부정적 감정을 4주 동안 매일 기록했고, 프레드릭슨과 로사다 교수는 이를 토대로 참가자들의 부정적 감정과 긍정적 감정의 비율을 계산하고, 이것을 행복지수와 비교했다.

이 연구결과에 따르면, 긍정적인 감정이 부정적인 감정보다 2배 높은 사람들도 부정적인 감정이 지배적인 사람보다 더 행복하지는 않았다. 그러나 긍정적 감정의 비율이 3배에 이르자 새로운 양상이 나타났다. 3배 이상 높은 참가자들은 감사, 흥미, 만족을 3번 느끼는 동안 분노, 죄책감, 당황을 한 번 느꼈으며 대체로 행복감이 높은 것으로 나타났다.

그렇다면 긍정적인 감정으로 가득한 사람은 어떨까? 흥미롭게도, 긍정적 감정과 부정적 감정의 비율이 11 대 1을 넘어가면 긍정적 감정은 득보다 해가 되기 시작한다. 자기기만에 빠져 자기계발을 등한시하고, 대책 없이 낙천적인 한심한 인생을 살아가게 된다.

어느 정도의 부정적 감정은 반드시 필요하다. 프레드릭슨과 로사다 교수는 이를 '적절한 비관성'이라고 일컫는다. 이 같은 감정을 느끼지 못한다면 행동패턴이 굳어져버린다. 어느 정도의 부정적인 감정은 자신의 지난 행동을 뒤돌아보게 하고 성장의 실마리를 제공한다.

제임스 미첼
James Elmer Mitchell, 1952~
심리학자

정서는 자기 평가에 매우 중요한 역할을 한다.
과거 경험에 대한 회상은 현재 기분과 일치하는 방향으로 일어난다.

주변의 친구들을 한번 떠올려보자. 우선 우울하고 매사에 부정적인 친구들이 자기 자신에 대해 하는 말을 들어본 적이 있는가? 또 밝고 긍정적인 친구들이 자신에 대해 하는 말을 떠올려보자.

일반적으로 우울한 사람이나 부정적 정서가 강한 사람들은 다른 사람들의 평가에 예민하다. 반면, 긍정적인 사람들은 남들이 자신을 실제보다 좋게 보고 있다고 생각한다. 즉, 우울한 사람들은 자신이 못났고 별 볼일 없으며 태어날 때부터 '흙수저'였다고 이야기하는 반면, 긍정적인 정서의 사람들은 자신이 비교적 괜찮은 사람이라는 생각을 가지고 말할 가능성이 높다.

과거 경험에 대한 회상 역시 비슷하다. 우울한 상태에서는 우울한 회상이 자석 끝의 철가루처럼 모으게 되고, 즐거울 때는 즐거운 방향으로 회상이 일어난다. 예컨대, 초등학교 동창회 모임에 참석했다고 가정하자. 이때 현재 자신의 기분이 좋은 상태이면 초등학생이던 시절 힘들었던 기억도 긍정적으로 기억할 가능성이 높고, 반대의 경우에는 오히려 더 처연하고 비참하게 기억하기 쉽다.

대니얼 레빈슨
Daniel J. Levinson, 1920~1994
심리학자

우울을 피하는 열쇠는 자신을 덜 엄격하게 보고,
다른 사람이 자신을 보는 것보다 더 우호적으로 보는 것이다.
우리 자신에 대해 좋게 느끼기 위해
우리는 스스로를 보다 호의적으로 평가할 필요가 있다.

"도대체 너는 누구 편이야?"

배우자나 가까운 친구가 나에 대한 배려를 하지 않을 때 실망감을 표현하는 말이다. 그런데 스스로에게는 어떠한가? 다른 사람에게는 이런 말을 하지만, 정작 자신이 취약한 순간에 자신을 보호하고 스스로의 편에 서는가? 자문해보면 선뜻 그렇다고 말하기 어렵다.

실제로 자신에게 가혹하고 엄격한 사람은 타인에게 너그럽게 대할지 모르지만 그 특성으로 인해 스스로를 우울하게 만든다. 작은 잘못이나 실수에 대해 스스로 엄격하고 가학적인 잣대를 들이대며 스스로를 비난하는 사람은, 백발백중 우울에 취약한 사람이 된다. 타인이 고통스럽고 좌절에 빠져 있을 때 쉽게 공감하고 도움을 주고 위로를 하듯이, 자신이 그런 상태에 있을 때도 자신에게 호의를 가지고 대하는 것이 중요하다. 이것은 간단하지만 우울에서 벗어나는 놀라운 효과가 있다.

예컨대, 학생이 자신의 리포트에 대한 교수의 평가를 읽고 있다고 가정하자. 교수의 평가 속에는 긍정적인 것도 있고 부정적인 것도 있다. 그런데 이 학생은 부정적 코멘트는 대충 보고, 긍정적 코멘트는 여러 번 읽어 긍정적 코멘트만 기억한다. 그리고 애매한 코멘트는 칭찬으로 해석한다. 게다가 잘한 것은 자신의 능력으로 생각하고 부정적인 코멘트는 교수의 비판적 성향 탓으로 돌린다. 이러한 학생의 판단은 사실을 왜곡하는 것이라고 해도, 어느 정도는 긍정적이다.

타라 브랙
Tara Brach
임상심리학자, 불교 명상가
≪받아들임: 지금 이 순간 있는 그대로≫

인간이기 때문에 경험할 수밖에 없는 정서적 경험을
수용하지 못하는 것이 그 고통보다 더 문제가 된다.
고통이 괴로움이 되는 궤적을 끊어라.

언뜻 생각하면 고통이나 괴로움이나 같아 보이지만 큰 차이가 있다. 고통이 삶에서 필연적으로 수반되는 일상의 어려움이나 상처 등에서 오는 1차적인 것이라면, 괴로움은 그 고통을 내면화해서 더 큰 개인의 심리적 어려움으로 만드는 2차적인 것이다. 괴로움에는 반추와 사고, 자책과 후회 등의 심리적 기제가 작동한다. 우리가 겪는 많은 심리적 문제들은 우리가 피할 수 없는 고통이나 삶에서 어쩔 수 없이 맞닥뜨리게 되는 어려움 자체보다도, 그것에 대해 마음 안에서 보태고 더하는 여러 생각들과 기존에 가지고 있던 자신의 신념들을 고수하는 데서 비롯되는 것이 더 많다.

일상에서 불편한 일이나 불행한 일들이 일어나는 것은 안타깝지만, 그것이 나에게도 일어날 수 있는 일이라는 것을 받아들이면, 그것은 그저 고통으로 끝난다. 하지만 '어떻게', '도대체 왜', '마땅히 ~ 해야 하는데'라는 등의 생각이 더해지거나 '나는 결국 이것밖에 안 된다'는 분노와 자책이 일어나면, 고통은 마음의 괴로움으로 발전한다. 그 궤적을 끊는 것이 쉬운 일은 아니지만, 괴로움을 덜기 위해서는 반드시 끊어야 한다.

근본적으로 변화시킬 수 있는 측면은 적극적으로 변화시키고, 그럴 수 없는 측면은 적극적으로 수용하는 것이 우리 삶에 유익하다. 만약 그러하지 못하면, 불편한 심리적 통제에 몰두하느라 진정으로 소중한 경험을 돌보지 못하게 된다.

타라 브랙
Tara Brach
임상심리학자, 불교 명상가
≪받아들임: 지금 이 순간 있는 그대로≫

보리수 아래 앉아 있는 붓다의 모습은 멈춤의 힘을 묘사하는
위대한 신화적 상징 중 하나다. 싯다르타는 더 이상 쾌락에 집착하거나
어떠한 경험으로부터 도망가려 하지 않았다. 그는 변화하는 삶의 흐름에
자신을 완전히 맡겼다. 어떤 경험을 붙잡지도 밀어내지도 않는 이러한 태도를
우리는 '중도'라고 알고 있다. 중도는 멈춤을 통해 일깨운 깨어 있음의 특징이다.
멈추는 순간 우리도 싯다르타처럼 삶이 우리에게 가져다주는
모든 것에 열려 있게 된다. 이전까지는 알지도 느끼지도 못했던
우리 마음의 측면들에 대해서도 그렇다.

처음 이 글을 읽었을 때, 보리수 아래 앉아 있는 부처님의 모습을 이렇게 잘 묘사한 글이 있을까 했다. 고요히 눈을 감고 온전히 자기에 집중하면서, 그러나 초월이나 단절이 아니라 외부세계에 연결감을 유지하는 것. 쾌락이나 갈망에 집착하지 않고, 그 쾌락도 갈망도 고요히 바라보는 것. 바라보고 경험하기 힘든 감정이나 경험을 반사적으로 회피하거나 도망가지 않고 변화하는 삶의 흐름에 온전히 맡기면서 내적 평온함을 유지하는 것.

무슨 일이 일어나면 곧바로 세상을 바로 잡아야 한다며 분노하거나 타인을 비난하지 않고, 또 그런 일이 일어난 원인을 자신에게 돌려 자책과 후회라는 두 번째 화살을 맞지 않는 방법으로, 세계를 근본적으로 수용한다. '근본적 수용'이란 자신의 경험을 명확히 보고, 본 것을 자비로 감싸안는 것을 일컫는다. 매순간 있는 그대로 경험하고 감싸안는 훈련을 하면, 자유와 사랑이 우리 본연의 모습임을 깨닫게 된다.

멈춤의 순간 열리는 성찰의 세계는 우리를 진정으로 자유롭게 해줄 수 있다.

석가모니
Gautama Siddhārtha, BC 563경~BC 483경
35세에 깨달음을 얻고 80세에 입적

두 번째 화살에 맞지 마라.

물론 석가모니는 심리학자가 아니고, 불교 역시 심리학이 아니다. 하지만 불교만큼 마음에 대해 깊게 탐구한 종교는 없다. 불교심리학은 오늘날 서양 심리치료에서 널리 수용되고 있으며, 특히 마음챙김sati, vipassana과 수용 등은 이미 하나의 치료기법으로 널리 이용되고 있다.

석가모니의 이 말은, 첫 번째 화살을 맞는 것은 어쩔 수 없다고 하더라도 두 번째 화살까지는 맞지 말라는 것이다. 이를 심리학적으로 말한다면, 남이 쏜 첫 번째 화살은 어쩔 수 없이 맞았다고 할지라도, 그것에 대한 분노와 죄책감, 수치심을 얹어서 더 큰 상처를 주는 두 번째 화살을 자신에게 쏘지 말라는 뜻이 된다.

오늘도 다른 사람과의 대화에서 나를 아프게 하거나 화나게 하는 상황이 있었는지도 모른다. 나를 아프게 하거나 화나게 하는 것이 상대의 말일 수도 있고 당시 상황일 수도 있다. 하지만 이러한 것은 내가 조절하거나 통제할 수 없는 경우가 많다. 나를 화나게 한 말이나 상황을 곱씹으며 스스로를 공격하는 것은, 두 번째 화살이 되어 나를 더 괴롭히고 아프게 하는 것이다. 스스로를 보호하는 방법은 내가 나 자신에게 쏘는 두 번째 화살을 거둬들이는 것이다.

석가모니
Gautama Siddhārtha, BC 563경~BC 483경
35세에 깨달음을 얻고 80세에 입적

분노는 남에게 던지기 위해
뜨거운 석탄을 손에 쥐는 것과 같다.
결국 상처를 입는 것은 나 자신이다.

인간관계에서 마음의 상처를 받으면 우리는 자신을 보호하기보다는 오히려 자신에게 모욕감과 수치심 등의 상처를 더한다. 그와 동시에 상처를 준 사람에게 똑같이 돌려주려고 한다. 고대의 법전에 나오는 '눈에는 눈, 이에는 이'처럼.

'네가 감히 나에게 이렇게 대해? 내가 다시 갚아주지!' 막장 드라마의 대사 같은 이런 말을 하는 일은 흔치 않지만, 이런 마음이 들 때는 더러 있다. 자신의 상처를 돌아보기보다, 상처를 준 사람에게 되갚아주려는 마음이다. 상처에 사로잡혀 있을 때 우리는 무기력한 사람이지만, 분노하고 되갚으려는 상황은 묘하게 우리가 힘을 가진 상태로 바뀐다. 우리는 어떤 상황에서 무기력하게 있기보다는 분노하는 동안의 힘을 가지려 한다. 하지만 분노에 휩싸여 응징하면 우리는 평온해지기보다 우울해진다. 또 그 분노를 표현한 자신에 대한 부정적 느낌이 더 강하게 들게 된다.

데이트 폭력 역시 비슷한 형태의 되갚음이다. 상대방에 대한 분노를 폭발적으로 표현하는 사람들의 심리에는 자신을 무시하거나 버린 대상에 대한 모욕감과 수치심 등의 상처에 대한 되갚음이 자리 잡고 있다. 왜 화가 났는지, 이 상황에서 내가 해결할 수 있는 부분이 무엇인지, 관계를 해치지 않는 범위에서 상대를 이해시키고 문제를 해결하는 현실적인 방법을 곰곰이 생각하고 노력하지 않는다면, 분노는 상대방뿐 아니라 자기 자신을 파괴하는 뜨거운 석탄일 뿐이다.

낸시 맥윌리엄스
Nancy McWilliams
유명 정신분석가
≪정신분석적 심리치료≫

그들은 견딜 수 없는 고통을 느낄까 봐 과거의 감정을
다시 경험하지 않으려고 애쓰고 있었다. 프로이트가 보기에 그들은
이로 인해 전체적인 기능의 손상이라는 큰 대가를 지불하고 있었다.
그리고 궁극적으로 인생을 꾸려가기 위해서는 두려움이라는
그 압도적인 정서를 충분히 느껴서 에너지를 해방시킬 필요가 있었다.

우리에게는 저마다 마주하고 싶지 않은 감정이 있다. 길거리에서 욕지거리하거나 악다구니하는 사람을 만나면 그 옆을 지나기조차 힘들 수 있다. 또 아무도 없는 집에 혼자 들어가 불을 켜는 것이 싫어 친구들과 어울리다가 늦게 들어가는 경우도 있다. 곡소리 나는 상갓집을 지나는 것이 싫을 수도 있다. 각각의 경우 우리는 분노, 외로움, 슬픔 등을 느낀다.

개인의 경험에 따라 다를 수 있으나, 우리는 저마다 각각 불편한 감정이 있다. 어린 시절 일 나간 엄마를 하염없이 기다리며 울다 지친 경험이 있는 사람들은 혼자 버려진 것 같은 두려움을 피하려 한다. 과거의 감정을 만나고 싶지 않아 술을 마시는 사람도 있다. 그 감정을 마비시켜버리려는 것이다. 이런 식으로 우리는 그 감정을 다시 경험하지 않으려 한다. 그리고 멀리 도망가려 한다.

그러나 그 압도적 정서를 마주하지 않고 회피하면 대가를 치러야 한다. 다른 감정적 기능의 손상이 바로 우리가 치러야 하는 대가이다.

배르벨 바르데츠키
Barbel Wardetzki, 1952~
임상심리학자, 게슈탈트 심리학자
≪너에게 닿기를 소망한다≫

모욕감으로 인한 파괴적인 분노를

건설적인 분노로 대체하라.

"너는 내게 모욕감을 줬어."

결코 달콤하지 않은 인생을 그린 영화 〈달콤한 인생〉에 나오는 대사이다. 모욕감으로 인한 파괴적 분노는 영화 속에만 존재하는 것이 아니다. 얼마 전에는 자신에 대해 험담한다는 이유로 지인들에게 농약이 든 두유를 먹인 70대 노인이 구속된 사건이 있었다. 직장생활에서나 일상에서 타인에게 공격받아 모욕감을 느끼는 경우는 드물지 않게 경험한다. 이럴 때 내 속에서 격한 반응이 일어날 때도 있다. 모욕감으로 인한 파괴적인 분노가 치밀어 오르는 것이다. 이것을 잘 다스리지 않으면, 상대를 공격하려는 시도로 나타나 타인을 위험에 빠뜨릴 수 있다.

모욕감을 건설적인 분노로 대체한다면, 우리는 모욕을 느끼는 상황을 더 잘 처리할 수 있을 것이다. 건설적인 분노는 스스로를 통제하며 공격 속에 숨어 있는 힘을 우리 자신을 위해 사용하게 한다. 분노하거나 화를 내는 대신 적절한 행동을 취하면서 우리 자신이 성장하기 위해 노력하는 것이다.

모욕감을 잘 처리한다는 것은 우리 자신의 행동에 대한 책임감뿐만 아니라, 우리의 행동이 다른 사람에게 미치는 결과에 대한 책임감도 떠맡는 것이다. 책임감 있는 행동은 내가 비록 상대방으로 인해 상처받았다고 느끼더라도 그 사람에게 아무런 피해도 주지 않는 것이다.

S. I. 하야가와
S. I. Hayakawa, 1906~1992
언어학자

'나는 세 번 실패한 적이 있다'고 말하는 것과

'나는 실패자다'라고 말하는 것은

그 결과에 엄청난 차이가 있다.

언어학자인 하야가와의 이 말에는 깊은 울림이 있다. 우리는 사실 자체를 이야기하기보다 거기에 늘 무언가를 덧붙인다. 과장된 해석이나 단정적인 생각을 덧붙여서 고통을 만들어낸다. 언어가 곧 그 사람의 생각을 만들고, 생각이 그 사람의 성격을 만들며, 성격이 운명을 만든다.

우울하거나 힘들 때 내가 머릿속에서 또는 마음속에서 되뇌는 말들에 귀 기울여보자. '나는 세 번 실패했다'고 말하는가? 아니면 '나는 실패자다'라고 말하는가?

파울로 코엘료
Paulo Coelho, 1947~
소설가

어떤 나이가 지나면 우리는 자신감과 확신의 가면을 쓴다.
우리는 더 이상 울지 않는다. 아무도 없는 욕실에서 혼자 울 뿐.
사람들이 함부로 보고 이용하려 들지도 모른다는 생각에
좀처럼 감정을 드러내지 않는 것이다.

공자가 마흔의 나이를 가리켜 불혹^{不惑}이라고 한 것은, 역설적으로 그만큼 유혹이 많다는 의미이기도 하다. 우리 사회에서 마흔은 다른 나이의 사람들보다 더 안정되고 좋은 모습으로 자기를 보여줘야 한다는 기대를 받는 나이이기도 하다. 아파트 평수를 넓히고 배기량이 큰 자동차나 외제차로 바꾸는 데 많은 열정을 쏟기도 한다. 그에 따르는 유혹도 많고, 그만큼 불안한 나이이기도 하다.

코엘료는 특정하지 않고 그저 '어떤 나이'라고 했지만, 40대가 지나 소위 제3세대$^{third\ age}$인 중년기 이후의 삶은 이런 자신감과 확신의 가면을 쓰는 시기일지 모른다. 아이처럼 어디서나 울어도 용인되는 나이도 아니고, 젊은 이의 울먹이는 사연도 다 지난 일이라 생각되어 비교적 담담해진다. 하지만 이 나이가 되었다고 해도 울 일이 완전히 사라지는 것은 아니다. 아무도 없는 욕실이든 안방이든 자기만의 공간에서 혼자 울 뿐이다.

취약함을 드러내는 것이 결코 안전하지 않다는 것을 알고 있다. 사회생활을 하면서 다른 사람들이 나를 나약한 사람으로 파악하고 함부로 이용하려 들지도 모른다는 생각에 좀처럼 감정을 드러내지 않는다. 그러면서 점차 가면에 익숙해지고, 다른 사람 역시 가면을 쓰고 있을 것이므로 좀처럼 신뢰하지 못한다. 이것이 이 시기의 사람들이 갖는 진짜 감정의 문제일지도 모른다.

상담하는 사람으로서 나는 오히려 이 시기가 진정한 자기를 돌아보고 상담을 통해 성장해갈 수 있는 좋은 시기라고 생각된다. 어쩌면 이런 위기가 가면 속에서 답답해 하는 자기를 볼 수 있는 기회일 수도 있다.

탈 벤 샤하르
Tal Ben Shahar, 1970~
하버드대학 심리학 교수
《해피어》

나는 충분주의$_{good\text{-}enough}$ 생활방식을 채택하고
더 행복해졌다. 나는 지금도 충분히 좋은 사람이다.

종신직 교수가 되기 위해 필요한 코스를 밟는 일이 '행복하지 않아서' 강사로 남아 '행복하게 사는 법'을 가르치는 일에 전념한다는 탈 벤 샤하르는 우리나라 텔레비전 프로그램에서도 여러 번 강의한 적이 있다. 그는 모든 일을 완벽하게 하려는 강박관념을 버리고 이만하면 괜찮다는 충분주의를 채택할 때 더 행복하다고 조언한다.

내가 지도한 학생 가운데 박사학위 논문으로 이성관계에서 완벽주의에 대해 쓴 이가 있다. 이성관계 완벽주의는 완벽해져야만 애착대상으로부터 사랑받고 위안을 얻는다고 생각하여, 파트너에게도 완벽을 요구하고 자신 역시 파트너로부터 완벽함이 요구된다고 생각한다. 이성관계 완벽주의 성향을 갖게 된 사람들은 일반 완벽주의자들과 마찬가지로 다른 사람들에게 취약점이 공개되면 조롱받고 거부될 것이라고 생각하며 두려워한다. 결국 친밀한 관계를 피하기까지 한다.

완벽주의자들은 극단적이고 비현실적인 관점을 갖고 있다. 예컨대, '내 애인은 완벽하다'고 생각한다. 그러다가 상대방에게 결함이 있다는 사실을 알게 되면 또 다른 극단적이고 비현실적인 관점으로 옮겨간다. 예컨대, '내 애인은 완전 구제불능이다'라고 생각하는 것이다.

반면 샤하르와 같은 충분주의자나 최적주의자는, 누구나 인간적 결함이 있고 모든 관계에는 미묘하고 복잡한 문제가 있을 수 있다고 받아들인다.

5장

'상담' 이야기

그들의 침묵은 차갑지 않다

상담자들에 대해 세상이 생각하는 것은 마술봉을 쥔 마술사나

문제를 해결하는 해결사나 전문지식을 쏟아내는 분석가의 모습일 것이다.

그러나 상담자 또한 삶의 문제를 경험하고

그 속에서 강렬한 감정과 부대끼며 삶의 지혜를 채득해가는 인간이다.

이 장에서는 무의식이 우리를 성장으로 이끈다는 것,

부모와 어린 시절의 관계맺음에서 받은 상처를

또다른 인간인 상담자와의 관계를 통해 치유해간다는 것.

또 상담을 통해 우리가 배우고 깨닫게 되는 점들을 정리했다.

치료가 내담자뿐 아니라 그 성장의 고통을 함께함으로써 상담자 또한

성장과 자기이해라는 커다란 선물을 받는 과정임을 다시금 느낀다.

알렌 휠리스
Allen Wheelis, 1915~2000
정신분석학자
《인간은 변할 수 있는가》

상담자는 자신의 능력을 넘어서는 일을 하는
극소수의 사람들에 속한다. 그러나 그들은 인간에 의해 생성되는
인간의 고통을 덜어준다. 그들은 옆에 서서 동행한다. 미움을 받더라도
견디면서 떠나가지 않는다. 사랑을 받기도 하지만, 유혹에 빠지지 않는다.
경청을 많이 하지만, 분명한 의도를 지니고 경청한다.
그들의 침묵은 차갑지 않다.

상담자라는 말을 빼고 다시 읽어보면, 이런 역할을 하는 사람들을 우리는 조력 전문가$^{helping\ professional}$라고 한다. 간호사, 교사, 상담자, 사회복지사, 소방관, 수도자, 승려 들이 여기에 속한다.

또 이 말을 뒤집어보면, 우리는 그런 대상을 간절히 원한다. 힘든 순간 우리의 고통을 덜어주고, 옆에서 동행하며, 때때로 우리의 변덕이나 부정적인 감정에 생채기가 생기더라도 견뎌주며, 그런 변덕과 부정적인 감정이 순간임을 이해하고 떠나지 않을 그런 대상. 늘 듣지만 건성으로 듣지 않고, 의도를 가지고 경청해 우리가 스스로 깨닫도록 기다려주는 사람. 또 침묵 속에서도 우리 마음속 깊이 연결감을 가지고 마음을 다해 듣는 사람.

우리는 가족에게서, 가까운 친구에게서, 또 중요한 대상이나 타자들에게서 이를 기대한다. 또 그런 사람이 있다는 것은 그만큼 우리 삶에서 중요하고 소중하다. 내가 누군가에게, 또 누군가가 나에게 그럴 수 있도록 하는 것, 힘든 세상을 살아가는 데 참으로 중요하다.

하인즈 코헛
Heinz Kohut, 1913~1981
정신분석가. 자기심리학의 창시자

반드시 마주해야 하고 수용하고 의사를 표시해야만 하는
(반영, 인정, 가치인정, 보호, 안정, 신뢰, 방향설정, 가용성, 소속감, 자립심
및 우월성 등에 대한) 유년기의 충족되지 못한 나르시스적인 욕구들은,
겉으로 크게 소리를 내고 있는 자기 확신 아래 깊숙한 곳에 묻혀 있으면서
수치심과 상처로 이뤄진 성벽으로 에워싸여 있다.

코헛이 유년기에 충족되어야 한다고 한 '반영, 인정, 가치인정, 보호, 안정, 신뢰, 방향설정, 가용성, 소속감, 자립심 및 우월성'에 대한 주제들은 상담하면서 많은 내담자들에게 공통적으로 듣는 이야기들이다.

성인들의 학대로 상처받은 아이들에 대한 안타까운 뉴스를 접하면 이루 말할 수 없이 가슴이 아프다. 연약하고 취약하며 보호받아야만 하는 존재로서 보호와 안정을 받지 못하고, 나아가 양육자로부터 신뢰를 경험하지 못한 이 아이들에게는 신체적인 상처뿐 아니라 엄청난 대인 간 외상인 '관계 트라우마'가 남게 된다.

일반적으로 아이들에게는 보호자로부터 안정과 보호, 신뢰를 받는 경험이 필요하다. 그리고 자신의 느낌과 생각을 적절하게 비춰주는 반영 경험과, 그 느낌과 생각이 있는 그대로 수용되고 인정받으며 자기 존재의 가치를 인정받는 경험이 필요하다. 이런 경험은 아이들이 자신의 생각이나 느낌을 스스로 신뢰하게 만든다. 또 정체성이 발달하기 위해서는 사랑과 인정을 통해 자신의 감정을 확인해주거나 확고하게 만들어주는 상대가 필요하다.

아이에게는 아직 구조화되지 않은 모호한 삶의 경험에서 방향성을 제공하는 어른의 적절한 가이드가 필요하다. 그리고 그 시기에 옆에 있어 주고 마음을 나누는 가용한 존재로서의 부모와 대상을 필요로 한다.

나아가 점차 자라면서 시기마다 적절한 집단과 단체에 소속되고 또 필요한 경우 부모로부터 물리적으로든 심리적으로든 적절하게 자립할 수 있어야 한다. 그렇지 못할 경우 결혼 후까지 자립하지 못하고, 자기를 잃어버리는 심각한 문제를 가질 수 있다.

덧붙여, 코헛이 예로 든 우월성의 경우 그것이 자기애적으로 고착되지 않는다면 건강한 자신감으로 자리 잡을 수 있다.

밀턴 에릭슨
Milton H. Erickson, 1901~1980
프로이트와 융을 잇는 정신의학의 거장
최면치료법의 선구자

무의식은 오랜 시간이 흐른 뒤에도
다시 불러내는 기억과 기술의 저장소다.
그리고 현명한 해결책과
잊은 나의 힘을 일깨우는 원천이다.

밀턴 에릭슨이 활동할 당시 심리치료 분야의 주류였던 프로이트의 정신분석은, 모든 정신병 증상의 뿌리가 되는 원인이 무의식에 있다고 보았다. 그리고 그 원인을 밝히는 데 초점을 두었다. 하지만 에릭슨은 무의식을 증상의 원인이 아니라 문제해결의 원천으로 여겼으며, 환자의 무의식에서 가능성과 잠재력을 발견하고 일깨우는 것이 치료자의 역할이라고 믿었다. 그의 이러한 관점은 심리치료 분야의 새로운 전기를 열었다고 평가받는다.

우리는 일상에서 의식과 무의식을 모두 활용하는 경험을 한다. 의식적으로 기억하는 것 외에 무의식적으로 저장된 기억이나 지식 등이 자기도 모르게 활용되는 순간이 있다. 우리가 알았던 모든 것들을 의식 속에 저장할 수 없기 때문에, 무의식적인 마음이 우리 삶의 모든 경험들을 저장하는 거대한 창고가 된다. 우리가 현재의 기능을 유지하기 위해 완벽하게 잊어버린 것처럼 보이지만, 평생을 통해 습득한 모든 경험들이 저장된 거대한 부분의 흔적들을 자동적으로 활용하게 된다. 어린 시절 엄마가 만든 음식의 맛을 기억하고 떠올려낸다든가 레시피를 받지 않았어도 엄마가 만든 음식의 맛을 내는 것도 모두 무의식에 저장된 기억이 작용하는 것이다.

무의식은 의식과 달리 비언어적인 방식으로 자기도 모르게 나타난다. 사람들의 걸음걸이 속도가 평상시와 달라지는 것은 의도하지 않은 사이에 그 사람의 무의식이 반응하기 때문이라고 한다. 예컨대, 예쁜 여자가 지나갈 때 남자들의 걸음 속도가 자기도 모르게 느려지거나, 백화점 쇼윈도를 지나칠 때 여자들의 걸음 속도가 느려지는 것은 무의식의 작용으로 설명할 수 있다.

칼 구스타브 융
Carl Gustav Jung, 1875~1961
정신의학자, 심리학자

의식되지 않는 무의식은

운명이 된다.

이처럼 무시무시한 말이 있을까?

프로이트의 제자이면서 정신분석학의 한 축을 이루는 융은, 인간 본성의 병리적 측면에 대한 프로이트의 집요한 관심에 염증을 느꼈다. 또 무의식이 프로이트가 생각하는 성적 충동에만 국한하지 않고, 세상을 이해하는 데 중요한 내적 경험이라고 여겼다.

융은 어린 시절부터 불가해한 일들을 경험하면서 마음속에 떠오르는 심상이나 무의식적 이미지가 세상을 이해하도록 도와주는 중요한 내적 경험임을 알게 된다. 하지만 외적 세계에 대한 이해나 탐구는 인간사를 통해 발달하고 확장됨에도 내적 세계의 깨달음은 충분치 않다고 생각했다.

중년기 이후 성공한 남성은 외적 성공에도 불구하고 보다 나은 삶을 갈망한다. 또 내면의 통찰을 확장하기를 바라며 내면적 삶을 키워나간다. 이런 사례를 통해 융은 단지 소비하는 삶을 넘어서 정신적 의미를 재발견하는 것이 중요함을 강조했다. 그리고 자신의 분석 치료를 '오후의 심리학'^{psychology} $^{of\ afternoon}$이라고 일컬었다.

"의식되지 않는 무의식은 운명이 된다"는 말은 나이가 40이 넘으면 생각하는 대로 살아가는 것이 아니라 살아가는 대로 생각하게 된다는 말과도 유사하다. 우리는 성공이 아니라 자아실현을 위해, 내면적 삶의 탐색과 성찰, 그리고 성장을 해나가야 한다.

알프레트 아들러
Alfred Adler, 1870~1937
정신의학자, 개인심리학의 창시자

인생이 힘든 것이 아니라
당신이 인생을 힘들게 만드는 것이다.
인생만큼 단순한 것은 없다.

아들러는 어린 시절의 경험이 인간의 성격을 결정한다는 프로이트의 결정론적 시각에 비판적이었다. 그는 우리가 겪는 일은 외부에서 주어지기보다 우리의 선택, 책임, 목적에서 비롯된다는 점을 강조한다. 아들러에 의하면 생각은 합리화하기 위해 붙드는 것이고 감정조차 그 목적이 있다.

기억 역시 마찬가지다. 아들러는 우리가 스스로 믿는 신념과 일치하는 것만 기억한다고 말한다. 인생을 힘들다고 지각하면 힘든 부분만 기억하게 되고, 그와 일치하는 경험을 선택한다는 것이다.

실연 후 슬픔에 빠진 때를 생각해보면 아들러의 이 말의 의미를 잘 알 수 있다. 실연한 사람은 실연을 그저 애인이 떠나간 단순한 사건으로 받아들이지 않는다. 슬픈 기억을 되씹고, 슬픈 음악을 선택한다. 또 애써 찾아 듣기조차 한다.

지그문트 프로이트
Sigmund Freud, 1856~1939
정신분석학의 창시자

사랑하고 일하고, 일하고 사랑하라.
그것이 삶의 전부다.

최근 개봉된 영화 〈인턴〉의 오프닝에 나오는 이 말은 프로이트가 남긴 명언이다.

프로이트의 관점에서 건강한 성인에게 행복의 열쇠는, 사랑하고 사랑받을 수 있는 능력이다. 그리고 성적인 사랑은 우리가 행복과 기쁨을 느낄 수 있는 친밀감의 한 측면이다. 친밀감은 그저 자신에게 맞는 어떤 대상을 만난다고 저절로 이루어지는 것은 아니다. 그보다는 사랑하는 사람을 잃거나 거절을 당할 때 상처받을 수 있다는 사실을 받아들여야 가능하다. 프로이트는 사랑이 건강하게 기능하는 데 고통이 필요하다고 말한다. 또 사랑은 필연적으로 고통을 수반한다. 그럼에도 사랑은 우리 삶에 지속적으로 추구되어야 한다고 말한다.

또 프로이트는 생산적이고 창의적인 일을 통해 이드의 충동을 승화시킬 수 있다고 했다. 창의적인 일은 진리를 추구하고 지적 능력을 연마하는 교수나 과학자의 일만을 의미하지는 않는다. 운동선수나 예술가처럼 직접적인 활동을 통해서도 추구할 수 있다. 중요한 것은 자신에게 가장 잘 맞는 일을 찾는 것이다. 일을 하는 노인이 더 건강한 삶을 살고, 또 친구나 가까운 사람이 있는 사람이 더 장수하는 것도 이런 측면을 반영한다.

관계에 상처받기 싫어서 일중독에 빠지는 사람, 일에서 실패한 후 관계 중독의 형태로 자기를 찾으려는 시도, 어느 것도 건강하지 못한 것이라고 할 수 있다.

낸시 맥윌리엄스
Nancy McWilliams
정신분석학자
≪정신분석적 심리치료≫

정신분석적 기질을 가진 사람들은
강렬한 감정에 매력이나 쾌감을 느끼거나 강렬한 감정을
잘 누그러뜨리지 못하는 사람일 것이라고 나는 추측한다.
감정이 풍부한 사람들은 정신분석적 이론에 매혹을 느끼게 되는데,
그 이유는 정신분석적 이론이 정서적 색채로 가득한 우리의 경험을
표현하게 할 뿐 아니라 우리의 강렬하고 활발한 내면세계에
의미를 부여하게 하기 때문이다.

고대부터 인간은 모르는 현상에 대해 이해하려고 끊임없이 노력해왔다. 통제하기 어려운 자연재해나 자연현상뿐만 아니라, 가까운 사람의 심리적 변화에 대한 것까지 모든 것을 이해하고자 하였다. 예컨대, 동양의 사주팔자와 서양의 별자리점 등을 통해 개인의 일반적인 성향을 점치거나, 그 사람의 성격이 그럴 수밖에 없는 이유를 자연현상에 따라 설명하려 했다.

그러나 개인의 주관적 경험에 대해 모든 것을 설명할 수는 없었다. 인간의 불안에 대해 누구보다도 큰 관심을 가진 프로이트는 정신분석을 통해 인간 내면에 대한 자신의 이해와 설명을 이론화했다. 그에 따르면, 우리 내부의 다양한 경험은 정서적 색채로 가득 차 있다. 슬픔, 허무, 고통, 분노, 권태, 무의미함 등의 정서적 색채는 우리의 삶을 더 무겁고 힘들게 경험하게 한다. 이런 것들의 의미를 발견하고 자세하게 설명할 수 있다면, 그 경험을 훨씬 감당할 만한 것으로 다룰 수 있게 된다. 그래서 정신분석적 설명을 갈구하는 것이다.

프로이트 이후 학자들이 프로이트에 대해 크게 반발하는 것은 이상화된 프로이트에 대한 실망이고, 그가 완벽하지 않다는 것을 받아들이는 것에 대한 불편함 때문이다. 이는 달리 말하면, 그만큼 우리의 경험을 이해하고 싶은 우리의 욕망이 크다는 것이다.

낸시 맥윌리엄스
Nancy McWilliams
정신분석학자
≪정신분석적 심리치료≫

정신역동적 치료자들이 애착에 관한 연구에 관심을 갖는 이유는,
매일 관계라는 매개체를 통해 치료하며 환자의 애착 유형에 자신을
맞추어가는 일이 항상 어렵기 때문이다. 애착에 대해 많은 것을 알게 되면서,
치료에 있어서 치료자와 환자 간의 친밀한 정서적 관계가
왜 그토록 중요한지 새롭게 이해하게 되었다.

우리가 살아가는 과정에서 다른 사람과의 정서적 고통과 심리적 어려움을 겪는 정도는, 친밀감에 대한 추구, 분리와 거부에 대한 불안, 거부와 버림받음에 대한 고통 및 분노에 대한 각성 수준에 따라 달라진다.

어떤 사람은 친밀감을 과도하게 추구하고 거기서 안정감을 구하려 한다. 그렇기 때문에 조금이라도 버림받을 것을 과도하게 두려워하고 분리와 애착 관련 사고에 집착한다. 특히 고통이나 분노의 수준이 높은 사람이 이 같은 '애착불안'을 경험하기도 한다. 또 어떤 사람은 친밀감을 피하고 애착욕구 충족 대상으로 타인이 필요하지 않다고 여기거나 타인의 존재를 원하는 자신의 욕구를 부인한다. 이것은 '애착회피' 차원으로 이해할 수 있다.

애착불안이 높은 경우에는 연인 혹은 배우자에게 과도한 애정을 요구하거나, 거절당하거나 버림받을 것에 대한 두려움으로 관계에 집착하는 정도가 크다. 이것은 더 나아가서는 의부증, 의처증으로 나타나기도 한다. 갈등상황에서 끝까지 회피하고 숨는 남편을 쫓아가는 아내의 심리도 이와 비슷하다.

애착회피가 높은 경우, 관계에 대한 중요성을 과소평가하여 친밀감을 회피하는 정도가 크다. 갈등이 있을 때 잠수를 타거나 싸우고 나서 '더 이상 네가 필요하지 않아' 하는 메시지로 상대와 멀어지려는 사람들이 이런 측면의 애착 특성을 갖는다.

이와 같은 애착의 문제는 정서를 다루는 방식과 상당히 연관되어 있다. 애착불안의 경우에는 관계의 어려움에 대해 예민하거나 각성 수준이 높아 많은 심리적 에너지를 소모한다. 반면, 애착회피의 경우에는 애착 관련 사고나 정서의 활성화를 과도하게 억압하기 때문에 겉으로 드러나는 특성이 애착불안과 정반대로 보일 수 있다.

대인관계에서 갈등상태에 놓이게 되면, 애착불안과 애착회피는 모두 자기 감정에 휘둘려 상대방을 배려하기가 어려워지고 현실적인 대처를 하지 못할 가능성이 높다. 불안한 여성과 회피하는 남성이 만날 경우에는 서로 쫓고 쫓기는 관계가 되어 상황을 더 악화시킨다. 이런 게임이 부부간에 일어날 때, 그 둘은 서로에게 점점 지치게 된다.

크리스토퍼 볼라스
Christopher Bollas, 1943~
정신분석 훈련 분석가 및 슈퍼바이저
뉴욕 대학교 메디컬센터 외래교수

환자를 이해하기 위해서 나는
그 자신 안에 있는 그의 모습을 발견해야 한다.

상담자는 본래부터 성숙한 인간일까? 그렇지는 않다. 〈굿 윌 헌팅$^{Good\ Will\ Hunting}$〉과 같은 영화나 드라마에서, 또 매스컴이나 심리치유 관련 도서에서 정신과 의사나 상담자를 뛰어난 인물로 묘사하고 있지만, 실제로 상담자는 자신이 가진 능력을 넘어서는 일을 하는 극소수의 사람 중 일부일 뿐이다. 그런 점에서 상담자에게는 인간에 대한 비방어적인 호기심과 진지한 관심이 중요하다.

상담자가 자기 문제를 이야기하는 내담자를 가장 잘 이해할 수 있는 것은 바로 상담자 자신 안에서 내담자가 이야기하는 취약성을 발견할 때일 것이다. 내담자의 너무나도 인간적인 모습을 자신에게서 발견할 때, 상담자는 그 사람이 나보다 못한 것이 아니라 우리 모두는 같은 어려움을 겪고 살아가는 인간임을 이해하고, 다시 말해 인간적인 보편성을 이해하고 더 깊이 내담자를 이해할 수 있다.

내담자가 시기, 질투, 불안, 권태, 무의미감, 상실, 외로움, 낙인, 고립감 등 다양한 심리적 고통을 이야기할 때, 상담자는 자신 안에서 그것을 발견해야 한다. 그것이 이해를 더 촉진시킨다. 내가 더 나은 인간이 아니라 나도 똑같은 인간이라는 점, 이런 점에서 상담자의 자기 자신에 대한 개인 분석이 무엇보다 중요하다고 하겠다.

낸시 맥윌리엄스
Nancy McWilliams
유명 정신분석가
≪정신분석적 심리치료≫

사람은 누구나 자신이 긍정적 모습과 부정적 모습 또는
선한 모습과 악한 모습 모두를 지닌 존재로 타인에게 진실되게 인식되지 않으면
자신이 진정으로 사랑받는다는 느낌을 갖기 어렵다고 생각한다.
아무리 혐오스러운 것이라 해도 진실한 것이라고 느껴지는 것을 찾아내어
표현하는 노력을 지원하면서 치료자는 내담자가 그러한 자신의
실제 모습으로 인해 사랑을 받는다고 느낄 수 있도록 해준다.

연애를 시작하는 사람들은 처음에는 자신의 긍정적인 모습, 선한 모습을 의도적으로 많이 보이려고 한다. 상대방에게 거부당하지 않고 편안하게 또 안전하게 자신이 수용될 가능성이 높기 때문이다. 굳이 부족하고 부정적인 모습을 드러내어 상대방에게 버려질 가능성을 높일 필요가 없는 것이다.

하지만 상당한 시간이 흘렀음에도 상대방과의 관계가 진척되지 않는다면, 우리는 더 이상 그 관계에서 편안함을 느끼지 못한다. 진정한 자신이 아니라 가면을 쓴 모습만 보이는 만남에서는 따뜻한 공감과 편안함을 느끼는 것이 아니라 공허함을 느낄 수밖에 없다.

상담이나 심리치료를 받을 때에는 자신의 긍정적인 측면과 부정적인 측면, 내면의 선함과 악함, 강한 부분과 약한 부분을 모두 보여도 안전하게 수용된다. 이렇게 모든 것을 보여도 수용되고 나아가 사랑받는다는 느낌을 가질 때, 비로소 우리는 진정한 나로서 사랑받는다는 느낌을 가지게 된다. 그리고 놀랍게도 이것을 통해 자신을 사랑하게 된다. 이것이 상담이 치유적이라고 할 수 있는 이유이다.

사랑받으려고 몸부림치는 사람들의 밑바닥에는 스스로를 사랑하지 못하는 마음이 깔려 있다. 그 때문에 이성의 사랑을 맹목적으로 받으려 한다. 결국 사랑받으려는 몸부림은 자신에 대한 사랑을 회복하려는 시도인 것이다.

더글러스 V. 스티어
Douglas V. Steere, 1901~1995
신학자, 철학자

상대의 말을 있는 그대로 들어주는 사람은
중간에 물러날 수 없다는 것을 안다. 그가 아무 상처도 입지 않고
돌아가기란 힘들다. 오랜 세월 듣는 일을 해온 친구 하나는
그 과정에서 '지옥에 빠진다는 것'이 어떤 것인지 알게 되었다고 고백하며,
순전히 기계적으로 듣는 게 아닌 모든 듣기 행위는
그에게 시련과도 같다고 솔직히 털어놓는다.
듣기는 절대 하찮지 않다.

우리말에는 '흘려듣는다'는 말이 있다. '그래 말해봐, 듣고 있어'라고 말은 하지만, 말하는 사람을 바라보지도 않고 핸드폰만 쳐다보고 있다면 제대로 듣는 것이 아니다. 진정한 듣기는 강한 힘을 가지고 있다. 하지만 눈으로 보기 힘든 사건을 볼 때 눈을 감고 싶은 마음이 드는 것처럼, 듣기 힘든 이야기를 들을 때 귀를 닫고 싶은 마음이 든다. 특히 어떤 트라우마에 관련된 이야기를 들을 때, 마음속에는 그 사람에 대한 연민의 마음과 동시에 우리도 모르는 사이에 그 상처로부터 거리를 두려는 노골적인 거부감이 떠오를 수 있다. 그렇기 때문에 진정한 듣기는 거리를 두기 어렵고, 상대편에 서서 감정적으로 함께할 수밖에 없다.

진정한 듣기는 평가하거나 조언하는 것보다 더 강력한 치유적 힘을 발휘한다. 그래서 가끔 그냥 듣기만 하면서 상담료를 받는 것에 대해 의구심을 표하는 사람들에게 진정한 듣기가 얼마나 힘든 일인지를 알려주고 싶을 때가 있다. 그리고 그런 일을 하는 동료 상담자들에게 자신의 노고를 스스로 인정하라고 조언하고 싶다.

낸시 맥윌리엄스
Nancy McWilliams
미국 정신분석학자
≪정신분석적 심리치료≫

감정세계에 치료자가 의도적이든 아니든
주관적으로 깊이 몰입하는 것은,
그 환자에게 정말 '문제'가 되는 것이 무엇이고,
그가 부당한 것을 어떻게 경험하고 있으며,
무엇이 이러한 문제를 유발했고,
어려움을 벗어나기 위해 어떤 정서적 변화가 필요한지를
인식하는 중요한 정보원이 된다.

한 내담자가 상담하러 와서, 세상이 자신에게 얼마나 가혹하고 불공평한지에 대해 이야기했다. 가족과 직장 사람들과의 사이에서 있었던 일을 여러 시간 동안 줄기차게 말했다. 그런 힘든 일을 경험하는 자신의 처지가 너무나도 안타깝고 슬프고 죽고 싶은 심정이어서 늘 우울하다고 했다. 이런 이야기를 들으면 이 내담자는 그저 우울하고 슬프고 불행하기만 한 것은 아니라는 생각이 든다. 그의 말투나 억양에서 전달되는 것은 분노였다. 앞턱을 들어올리고 주먹을 움켜쥐고 어금니를 꽉 물면서 세상에 대해 악다구니를 쓰는 울분이었다.

그는 자신의 상황에 대한 원인을 외부에서만 찾으려 했고, 그래서 세상이 온통 적대적인 대상으로 가득 차 있다고 느꼈다. 그런 분노는 현재 그의 삶에 대한 암울함이나 우울, 취약함을 어쩌면 잊게 해줄지 모른다. 화를 내며 외부에서 원인을 찾으려는 동안에는 자기회의나 자기비판에서 오는 더 깊은 우울이나 무망감_{희망이 없다고 느끼는 것}을 피할 수 있기 때문이다.

그래서 상담자들은 내담자가 가져오는 문제를 들을 뿐 아니라, 그 문제를 어떻게 이해하고 정서적으로 어떻게 경험하는지를 보는 것이 필요하다.

어빈 얄롬
Irvin D. Yalom, 1931~
실존주의 심리학자
≪니체가 눈물을 흘릴 때≫

다른 사람에게 비밀의 요람이 된다는 사실은
세월이 흐를수록 나를 보다 온화해지고 보다 수용적인 사람이 되도록 만든다.
우리가 하는 일은 우리 자신을 초월하고, 발전하고 성장하고,
인간이 처한 비극적 상태를 분명히 알게 하는 축복받은 기회가 될 뿐 아니라
그 이상이 된다. 인간 마음의 발전, 기능, 유지라는 장엄하고 복잡한 추구 속에
빠져드는 탐험가가 된다. 우리는 환자가 자기 패배적 형태에서 벗어나
과거 슬픔에서 벗어나고 삶에 대한 열정을 가지며, 우리를 사랑하는 법을 배우고
그 행동을 통해 다른 사람을 사랑스럽게 대하게 되는 것을 바라본다.

얄롬은 실존심리치료의 대가로 현재에도 왕성한 저술 활동과 치료를 하고 있다. 그는 다른 사람들에게 우리 모두가 (치료자나 환자 똑같이) 고통스런 비밀을 갖고 있다는 사실을 드러낼 때, 그들에게 더 가까워질 수 있다고 말한다. 자신이 저지른 행동에 대한 죄책감, 책임지지 못한 행동에 대한 수치, 사랑받으려는 소망, 깊은 취약점, 불안정성, 두려움 등과 같은 비밀을 말이다.

나는 이 부분에 상당히 공감한다. 상담자로서 살아가면서 고통스럽고 힘든 이야기를 수없이 들으며 느낀 것은, 내가 상담을 받으러오는 내담자보다 우월하다거나 더 나은 존재라는 것이 아니다. 그보다는 우리가 모두 약하고 한계를 가진 불안정한 존재라는 사실을 더 깊이 이해하고 받아들이게 된다. 허영이나 자만으로 가득 차 있거나 소모적인 열정으로 산만한 사람을 만날 때에는 그 사람 마음속에 내재되어 있는 비밀스런 고통을 직관하게 된다. 그래서 판단하기보다는 오히려 연민을 느끼게 되며 마음 깊이 연결되는 것을 알게 된다.

물론 상담자가 하는 일이 늘 편안하고 좋지만은 않다. 친밀함을 추구하면서도 직업적 측면에서 비밀보장이나 내담자 보호를 위해 고립을 자초해야 하는 경우도 있고, 힘든 내담자를 치료하고 편안해질 즈음에는 보내고 다시 더 힘든 내담자를 맞아들이는 경험을 수없이 반복한다. 그러나 그럼에도 얄롬이 이야기한 것처럼, 왜곡과 부인, 환상이 없는 관점으로 사물을 있는 그대로 보는 명확한 렌즈를 가질 수 있고 성장을 함께한다는 것은 분명 치료의 선물이다.